Regla Konga en Santiago de Cuba

José Millet

Ediciones de la Fundación Casa del Caribe,
Venezuela, agosto 11, 2018

ISBN: 9781983020469

A la memoria de mi padrino Vicente "Vicentón" Portuondo Martín (Santiago de Cuba, 1949-2003), que se inició al pie del fundamento de Reynerio Pérez en Santiago de Cuba y me rayó a mí en Venezuela, con otros amigos venezolanos y colombianos a principios de los 90.

A los paleros del Cabildo San Benito de Reynerio Pérez y del cabildo de mi padrino Vicentón.

A los investigadores de la Casa del Caribe, Joel James, Julián Mateo, Rogelio Meneses, el Monstruo Miyares y Manuel "Manolo" Ruiz Vila y, en su nombre, a todos los estudiosos que nos acompañaron todos estos años de faenas incansables tras las huellas y esencias de la espiritualidad del pueblo cubano, en especial las de las religiones afrocubanas y del Espiritismo en Santiago de Cuba, Oriente y todo el país.

INDICE

Capítulo I.- Regla Konga o Regla de Palo Mayombe

Con nuevas fuentes a mi disposición y bajo otro título, reedito el vocabulario que publiqué en mi libro **Glosario mágico-religioso cubano** en la ciudad de Barquisimeto, en el año 1996, elaborado con las notas del Tata Nganga, *orihaté* y *muertero* Vicente Portuondo Martín, quien me inició en la Regla Konga o Regla de Palo Mayombe, aquí en Venezuela, en los arranques de la década de los noventa. A las nuevas fuentes bibliográficas y hemerográficas compulsadas se añade mi experiencia en el estudio de las religiones afrocubanas de más de un cuarto de siglo y mi visión del ejercicio de la Regla de Palo Mayombe desde que me inicié en la ciudad-dormitorio venezolana de Guarenas y de consagración en La Habana como Tata nganga hecha por un viejo gangulero, de la cual di noticias en una de mis publicaciones. Debe tomarse aquí, en este apartado que le dedico a la Regla Konga, mi prolongada relación de trabajo y profesional con el *Tatandy* de lo **musundis** de Cuba, Aldo

Durades Román, a quien le redactè uno de sus más importantes libros, titulado Llanto brujo, en el que incluimos un vocabulario. Luego de la muerte de mi padrino Vicente Portuondo Martín, decidí tomar sombra en la prenda de los musundis y eso me permitió el acceso a una serie de secretos, celosamente guardados por sus miembros desde que el cabildo Kuna Lumbo—uno de los más antiguos de la Isla—tenìa su residencia en la ciudad de Sagua la Grande, en el centro de la Isla, de donde muchos de sus devotos emigraron a la ciudad de La Habana. A quien no lo sepa, es importante recordarle que los musundis constituyeron uno de los pueblos primigenios del antiguo Reino del Congo, de donde fueron extraídos muchos de los africanos que se trasladaron a Cuba, durante la etapa colonial (1492 a 1898), la etapa de la República y aun a partir del primero de enero de 1959, en que se producirían cambios muy importantes en la sociedad cubana, en particular relacionados con la apertura de algunas religiones que habían permanecido underground, como la palera y la abakuá.

La Regla Konga o Regla de Palo Mayombe debe ser entendida en el contexto de las culturas de los pueblos del antiguo Reino del Congo, cuyos recursos naturales excepcionales –como el marfil, el cobre, la cerámica y los tejidos de rafia, entre otros— antes de la llegada de los europeos lo convertirían en un Estado altamente desarrollado para su época, epicentro de una fuerte red de intercambios comerciales. Eso le permitía el dominio de un extenso territorio, en el cual estaban comprendidos el norte de Angola, el enclave de Cabinda, la República del Congo y la parte occidental de la República del Congo. El rey Manicongo ejercía una efectiva monarquía sobre los pueblos bacongos y, con sus 500 almas, la esfera de influencia del Estado era ejercida sobre varios Estados vecinos. E su visita en 1480 a la Mbanza Kanza, el navegante portugués Cao Diago convencería al Manicongo de abrir el país al comercio con los portugueses y de sus seis provincias:Soyo, Bamba, Pemba, Batta, Fango y Sundi, esta última se devendría en la cabeza de lanza para la entrada del colonialismo de Occidente al convertirse en un protectorado de

Portugal. La llegada en 1491 de los misioneros católicos, la conversión al cristianismo del propio Manicongo que se quitó el nombre y se reabautizó como Joao, el envìo de su hijo a estudiar a Portugal terminó convirtiendo al Reino en una inmensa colonia portuguesa, factoría proveedora de un río de esclavos que alimentaba la trata negrera, provocando la guerra civil, la intervención de las potencias colonialistas de Holanda y Francia, hasta provocar la disolución del reino mediante la Conferencia de Berlín de 1884-1885 en que los últimos territorios de los manicongos se los repartieron Portugal, Francia y Bèlgica y su rey Pedro V Elelo, finalmente, reafirmó en 1888 el vasallaje de su reino a Portugal, Imperio que en 1914 abolió el título de rey congo bajo la excusa de una de las tantas revueltas intestinas.

Como enclave colonial europeo, el Reino Kongo fue penetrado por la Iglesia católica, con sus cuerpo de sacerdotes y recintos religiosos, cuya enseñanza se extendió junto con la penetración de otras religiones que también impactaron pero, aunque parezca paradoja no lo es, siempre hubo espacio para las herejías, como las liberadas por profetas iluminados a fines del siglo XVII e inicios del XVIII, como Appolonia Mafuta, el líder del antonianismo y Dona Beatriz Kimpa Vita. Consecuencia del temprano abrazo con la cultura judeo-cristiana euro-occidental, a diferencia de muchas otras lenguas africanas, el kikongo se convirtió en el primera lengua de cepa bantú en escribirse en alfabeto latino, en tener una gramática para el kikongo hacia 1645, un diccionario, que publicaría en 1648 un capuchino italiano y sería publicada una traducción kikonga de un catecismo del portugués. El kikongo sería considerado como lengua oficial, junto con el portugués y estaban abiertas las puertas para que se difundiera, aunque lo hiciera primero entre los grupos sociales privilegiados y estos hechos deben ser tomados en cuenta al analizar la cultura religiosa de los pueblos de los cuales fueron extraídos muchas personas para reducirlas a esclavitud en el Nuevo Mundo, con énfasis en esta región privilegiada desde cuyo uno de sus países escribimos estas notas: la región de el Caribe.

Como bien han señalado varios linguistas, entre ellos el colega cubano Jesús Fuentes Guerra, a quien cito ampliamente en este libro mío, este sistema de creencias de oriundez bantú debe circunscribirse a su fuerte filiaciòn kikonga, por lo que la mayoría de las voces y expresiones usadas en mi Glosario kongo tiene este origen etno-linguísitico, en sentido general, aunque los paleros cubanos les han incorporado modificaciones, incorporaciones y otras han sido introducidas por gente alejadas de las fuentes primigenias emanadas de los antiguos cabildos kongos que existieron , casi en absoluta clandestinidad, en la Isla. Nadie, ni siquiera las autorizadades mejor reconocidas en la etno-linguìstica, puede descartar el complejo de las lenguas del hinterland bantú y, por tanto, la enorme diversidad de las lenguas y dialectos existentes en èl, las cuales se han colado en el entramado de la cultura nacional del pueblo cubano dejando en ella sus huellas, como telas de araña que resultan enrevesadas y difíciles de desentrañar, cuando uno se aplica buscarle su origen.

Al sistema de pensamiento filosófico Regla Konga o Regla de Palo se le asocia a los trabajos encaminados al mal. En su libro **The Santería experience** (Original Publications, N.Y., 1982), la investigadora

Migene Gonzàlez-Wippler afirma que para desarrollar su relación con la muerte, algunos santeros se inician en esta religión bantú y que los paleros trabajan exclusivamente con el muerto, sin invocar nunca a los orichas. De tales prejuicios y falsos patrones están llenos no sòlo muchos libros escritos por reputados especialistas, sino la mente de la mayoría de las personas desconocedoras de las religiones afrocubanas, las cuales están todas en íntimo contacto, aunque cada una de ellas, individualmente, se ajuste a su Regla o cannon, principios, visión del mundo y pràcticas características. Afortunadamente, esta investigadora reconoce al Palero como un especialista en lo que denomina Hierba y reconoce que, basados en sus saberes, muchos paleros realizan curas de enfermedades como la epilepsia, tipos de parálisis, leucemia y otras formas del cáncer, entre otra gama amplia de enfermedades. De ahì que los santeros se "rallen" en Palo antes del asiento, siguiendo la regla de que *Ikú lobi Ocha*, o sea, el muerto precede al oricha. En los USA algunos médicos han decidido hacerlo para estudiar de cerca los efectos benefactores derivados de estas "pràcticas" ganguleras.

Jesús Fuentes, en su libro **La Regla de Palo Monte**, es para mí quien ha sintetizado mejor la trama de este sistema de pensamiento religioso de base africana al establecer, en la pàgina 18, sus "componentes esenciales" siguientes: 1.- un receptàculo material—el caldero o cazuela—llamado nganga, del kik nganga "curandero, adivino, experto en", que contiene diversas sustancias de origen animal, vegetal, mineral y humano; 2.- creencias en "entidades espirituales", los npungos, del kik mpungu "seres supremos" o nkitas, kik. "espíritus-fetiches"; 3.- ceremonias de iniciación y rituales de cumplimientos; 4.- toques, bailes y cantos para propiciar la acción de los "muertos" u otras entidades; 5.- sacrificios de animales, 6.- ofrendas de comidas y bebidas; 7.- utilización de la residencia del padrino o Tata nganga o de la madrina (ngundi nganga), como espacio de consulta o casa-templo y 8.- la creencia, según este lingüista, en un Supremo Hacedor (sic.), que llaman Sambia Empungo , del kik. Nzambi o Mpungu "ser Supremo, que tiene la condición de deus otiosus". Cada uno de estos elementos antes señalados son tratados por el poeta e investigador Miguel Barnet en su estudio "Sobre los cultos congos de origen bantú en Cuba", incluido en su libro **La fuente viva**, pero a los efectos del presente **Dicicionario mágico-religioso cubano**, nos permitimos citar el concepto del desaparecido historiador y filósofo Joel James, para quien la Regla Conga o de Palo Monte "consiste, lisa y llanamente, en el culto a Insambi" (p.9) y la define en estos términos:

Sistema mágico-religioso cubano, tuvo origen, probablemente, en la zona noreste de Angola. Todo parece indicar que resulta de la unión—casi seguro fraguada desde las barrigas de los barcos negreros—de tres formas culturales africanas diferentes: el culto al fuego y los fetiches de metal, propio del gremio de los herreros, solo integrado por varones, difundido con alguna amplitud entre los quicongos occidentales; los ritos de curación de los quimbanderos, con una clara vinculación con los misterios de la selva, y al preminencia de los hechiceros y ganguleros de las aladeas de la gran cuenca del Congo. (**Cuba, la gran nganga**.La Habana, ditorial Josè Martì, 2012, p. 182.)

Y, para Joel James, Inzambi, nzambi o nzambia, es un dios, pero no uno cualquiera, sino que es el

Creador de todo lo existente. Posee una dimensión de todo lo existente. Posee una dimensión panteísta, en virtud de la cual está en todo y lo es todo; no obstante, entre el estar y el ser no existe una dimsensiòn óntica, de misteriosas especulaciones. Entre ellas, como la más importante, se encuentra la naturaleza monotesista de la Regla, por el carácter totalmente excluyente de Inzambi. Como el Yahvé de lo judìos, es un dios que puede ser bondadoso o tremendamente cruel. No sufre, como los orishas yorubas, de apetencias humanas. No hay forma de conovcarlo o exorcizarlo. No es representable. Sí se le saluda y se le pide permiso para realizar toda ceremonia. (**Id.**, p.176.)

Capítulo II.- Mi Iniciación como Tata nkisi

José Millet

El amor por el conocimiento me enrutaron a fines de la década de los ochenta hacia Venezuela, rico país que comparte la excepcional condición de ser andino, latinoamericano y, en buena medida, también caribeño. Gran nación, de gente noble y con una variedad étnica notable, incluida la población de descendientes de África a quienes los colonialistas europeos también le cercenaron parte de la espiritualidad, concretamente su cosmovisión religiosa, el pensamiento y el accionar religioso extraídos del continente para ser sometidos aquí a la condición de siervos. Gracias a Nzambi, su música permaneció y ella les ha permitido el vínculo esencial con sus ancestros, pero de religión africana poco quedó, como sucede en muchos países del Caribe que están todavía bajo la tutela de los viejos y nuevos Imperios o que de cierta manera sufren los embates de esa castración a la que no ha podido rebelarse ni siquiera el pueblo afronorteamericano.

La primera sorpresa recibida fue encontrarme en Caracas con una explosión de la Regla de Ocha o la pública pero impropiamente denominada santería cubana, llevada por los inmigrantes cubanos desde comienzos de los sesenta cuando se produjo la gran estampida de cubanos que no comulgaban con la Revolución liderada por Fidel Castro o simplemente se dejaron arrastrar por la huida de los remanentes de la clase burguesa y los terratenientes que tomaron el camino del éxodo ante aquella situación de cambios profundos en toda la vida de la otrora neocolonia yanqui. Allí se instalaron viejos y sabios santeros y orihatés, e incluso investigadores de la estatura de Teodoro Díaz Fabelo, uno de los estudiosos más brillantes que ha dado mi patria en materia de este tipo de estudios afroamericanos y a quien la Casa del Caribe institución científica donde laboro, con el apoyo de la UNESCO, le publicó póstumamente su Diccionario de la lengua residual conga en Cuba, obra de extraordinario valor.

Casi ninguno de los santeros y babalawos venezolanos a quienes preguntaba por la existencia del Palo o de la Regla Conga respondía afirmativamente, porque sencillamente era desconocida, muy poco extendida o sólo la conocían aquellos sacerdotes cubanos que los habían iniciado. Algún día escribiré acerca del papel desempeñado por Tata Nkise Vicente Portuondo Martín en el desarrollo de esta religión en territorio venezolano. Simplemente ahora diré que él fue quien me inició en 1994 en la Regla Conga en Guarenas, poblado distante a varias decenas de millas de Caracas, junto a unos cuantos venezolanos y a una pareja de colombianos residentes allí que lo había mandado a buscar a Cuba para resolver una situación sumamente crítica que tenían con su salud y con la estabilidad de sus vidas. Muchos de aquellos nguellos (vocablo que en esta religión designa al recién iniciado) aprendieron con una velocidad asombrosa cuestiones muy complicadas del Palo y las hicieron extender a muchas otras personas. Por fortuna divina, están vivos y podrían tributar su testimonio a lo aquí afirmado.

Fui iniciado, pues, ante la guía del fundamento de Siete Rayos, del gajo Mundo Lima Cava Cuento Hierba Mala Nunca Muere Quien le sigue el Paso Revienta, llevado a la ciudad de Santiago de Cuba por Reynerio Pérez, de la tierra Mutekembele Mokuba Ñañambó, matancero a quien se le reconoce como importador de la Regla Conga no sólo en esa urbe capital de la antigua provincia Oriente, sino en otros territorios de esa indómita región, a partir de 1976 dividida en cinco provincias. El hecho sucedió en las primeras décadas del siglo XX, cuando sacerdotes afrocubanos e investigadores afirman que no se había instalado la Regla de Ocha allí, y que se introduciría entonces gracias a la pionera idea de algunos santeros de La Habana que dijeron que existían todas las condiciones para hacer iniciación africana en ese lugar y pusieron manos a la obra para demostrarlo. Esta idea errónea la he discutido en varios artículos dados a conocer en revistas cubanas hace no mucho tiempo. La cuestión más importante del hecho es que entré en el cabildo o casa-templo de mi padrino, del cual soy desde entonces un hermano más con los mismos deberes y derechos de los restantes miembros; por otro, me habilitó para servirle de ayudante en complejos ceremoniales como el que implica la iniciación y me preparó para irme adentrando en algunos de sus secretos.

Como filólogo, me posibilitó asimismo el abrirme paso en la comprensión de su lengua ritual, al menos en lo que respecta a sus cantos y a su léxico, cuestión esta última que me llevó a recopilar una lista que ahora es objeto de análisis por parte de algunos etnolinguistas. Pero los diez años transcurridos me han dado más satisfacción y disfrute que realmente conocimiento, por lo que continúo en mi faena de estudioso esforzado por tener un acercamiento más provechoso y enriquecedor de estas culturas provenientes del llamado continente negro.

Un Tata de cien años llamado Cristóbal

Así fue como me reencontré con Benito Cristóbal Ramos Sotolongo, viejo enjuto y fuerte, de más de seis pies de estatura, a quien había conocido hace muchos años en que lo visitamos un querido colega, el filósofo Julián

Mateo Tornés, en tiempos en que éste era importante directivo del Instituto de Filosofía de la Academia de Ciencias de Cuba. Yo era portador de un saludo cariñoso suyo y quería hacerle una petición personal: que le preparara algo que contribuyera a levantarle su quebrantada salud. No era necesario que se acordara de mí; bastaba pronunciar el nombre de un hermano en situación crítica para que el ánimo y la memoria del viejo Tata se avivaran.

Al rato ordenó al licenciado Félix O. Quiala Martínez, jefe de redacción de la Revista Cubana de Ciencias Sociales, que bajase una botella de ron para brindarle a los visitantes y se creó el ambiente para el intercambio indispensable: el deseo de saludar su prenda y rogar ante ella por Julián. En el ínterin pregunté por el Director del Instituto que resultó ser Romelia del Pino, mi compañera de estudios de Filosofía en la Universidad de La Habana, quien acotó en bromas que el Director del Instituto realmente era Cristóbal, ella sólo una empleada más y reímos todos contemplando la iluminación del rostro de aquel anciano… Del primero al último de los empleados, se aprecia respeto y especial aprecio por este hombre que evidentemente se ha ganado el cariño y la admiración de todas las personas que lo rodean.

Supimos así que en el Instituto le acababan de celebrar, por todo lo alto, con cake y velitas encendidas, el cumpleaños número cien al viejo empleado del Capitolio Nacional, dependencia de la mencionada Academia, hijo según él de padres esclavos y ahora dedicado enteramente a atender a su familia carnal, ritual y a su prenda, hasta que muera.

Subimos por una estrecha escalera a un segundo nivel donde él tiene dos habitaciones: su antiguo dormitorio, donde hay una cama y dos sillas con libros filosóficos encima y al pie, de frente, el espacio sagrado con sus tres cazuelas y pendiendo de un improvisado cordel un Osaín que es mecido por las rachas de aire que entran por la ventana; y en el mismo nivel, otra habitación dormitorio con un ventilador de pie, una mesa con un televisor y un aparato telefónico. Preside el rústico altar un caldero de hierro donde reside el fundamento de Tronco Malo Centella

Ndoki Siete Rayos Malongo, alojado en una inmensa güira colocada en el fondo, el mismo que le fuese guardado durante muchos años por su padre luego que Cristóbal fue consagrado en un río de África que él denomina Nilo siendo un niño de apenas un año de edad. Encima se observan artefactos de hierro de diversos tamaños y puntas de trozos de palo y coronando una máscara de madera cromada con dos visibles cachos o astas como símbolo del diablo euroocidental, y la cabeza de goma de una muñequita infantil sostenida por una pieza y situada en posición vertical.

A cada lado, siempre descansando en el piso, están las cazuelas de Lucero, que es cristiana y de Mama Chola, que es judía-cristiana. Pero la suya, Siete Rayos, es "judía judía ", según su   dueño.

Biografía del fundamento africano de Cristóbal

"La prenda no tiene sentimiento, sirve para el bien y para el mal. La mía es judía. Tengo que andar con ella hasta que me muera".

Cristóbal Benito nació en Marianao (igual que algunos de sus hermanos) el 3 de abril de 1904, en tiempos en que el General Baldomero Acosta fue alcalde durante 24 años y dice que repartió tierras a sus allegados. El padre de Cristóbal era capataz en el puerto de La Habana y abakuá, no palero, nunca se rayó, casado con una negra esclava que dice era francesa [¿pero podría ser de Haití?], quien no podía tener hijos varones, porque todos se le morían antes de los dos años, cree que por la enfermedad de la rata, tal vez transmitida por su esposo. Su padre lo llevó a Conakry con un año de edad, estuvo allí treinta y cinco días y, evidentemente para tratar de solucionar el grave caso, lo llevó a la medicina o la religión tradicional africana y le preparó algo que en su mentalidad identifica como una prenda, el famoso güiro que nadie había visto excepto su madre hasta que se lo entregaron dieciocho años más tarde, a punto de morir su padre, que lo había alimentado desde entonces con sacrificios escondidos y lo mantuvo escondido en un pequeño recinto secreto en el patio de la vivienda.

Luego de dos hembras [que tuvieron mis

padres] nací yo y después de mí cuatro hembras más. Las dos mayores eran brujas: Julia era palera, llegó a los 92 años de edad y Margarita era santera. Hija de La Caridad [quiere decir de Ochún] que murió a los 90 años. Tengo tres hijos cada uno con una mujer diferente, 16 nietos y 3 biznietos. Víctor, mi hijo mayor, tiene 61 años y vive en Nueva York, donde tiene un negocio. No pudo venir hace poco a mi cumpleaños porque no lo puede abandonar, le roban. Pero me llamó por teléfono para felicitarme.

"Entonces los africanos sabían cuándo iban a morir y mi padre lo sabía, se sentía mal y me mandó a buscar. Abrió el escaparatico del patio y me enseñó la prenda y me dijo: Esa prenda es tuya, tienes que casarte y llevártela porque me queda poco. Mi mamá lo sabía. Lo que me había salvado la vida, porque por eso me pusieron por nombre Cristóbal, ningún varón se salva. Eso fue en el 1932 y en el treinta y tres me casé y me la llevé para mi casa. Hacía con ella lo mismo: la alimentaba. Mi mamá era francesa y palo congo, se conocieron siendo esclavos durante la guerra [por la independencia de Cuba, ocurrida desde

1868 hasta 1895.] Mi padre me dijo: llévatela en vida porque si muero...eso es tuyo. Si moría la cosa era más complicada porque había que traer a siete paleros para dármela." Murió ese año de 1932, a la edad de 94 años, lo enterré en el cementerio de Colón.

En ese tiempo en África no había hierro, sino güiro. Esa prenda era un güiro enorme, pero empezó a rajarse y en 1938 la coloqué en una cazuela de hierro, en el fondo y le eché tierra encima, donde se encuentra hasta el sol de hoy, mejor dicho la oscuridad donde esta guardada. Fue mi padre quien me dio el nombre de la prenda que ya le dije: Tronco Malo Centella Ndoki Siete Rayos Malongo Carabalí Congo Real. El era abakuá pero el abakuá salió del Palo. El Palo primero y luego el abakuá [parece que se refiere a que entonces se iniciaba uno primero en una religión y después entraba en la otra].

Yo me juré con Juan de Dios, que era mi padrino que murió con 90 años en 1918 siendo yo ya grande. Él era de tierra carabalí, que es congo. Hay guindavela, mayaco, Tiembla Tierra... El era muy chiquitico de cuerpo, pero era el diablo. Hablaba poco. El decía: "Dios en el cielo y yo en la tierra." Él era terrible. Vivía a un kilómetro de la Loma del Cuco, en Pinar del Río, que era una loma a donde la guardia no podía entrar, porque cuando estaba subiendo se caían para atrás, como que resbalaban por la brujería que había por donde quiera. Porque su prenda estaba enterrada. Había muchas prendas enterradas, como 19 prendas enterradas en aquellos parajes del Central Orozco donde él vivía.

Yo tengo la figura de mi padrino puesta en prenda, pero ahora Usted no la ve porque la tengo en la casa de una persona a quien le voy a montar una cazuela. Fu él quien me hizo Tata, porque entonces todo se hacía junto, como se lo voy a hacer a Usted para jurarlo como Tata. Entonces sólo se juraba a las personas con mayoría de edad, nunca a los niños. A mis ahijados no los juro como Tata hasta que tienen diez años de iniciados, Tengo que saber el comportamiento de cada persona, porque esto es muy delicado. Alguien se pone a hablar cosas y se jode. La prenda no se entrega hasta tener diez o quince años de jurado, y con el ahijado delante de ella para que aprenda porque si luego hace algo malo se jode.

Este que le voy a montar la cazuela tiene que dormir en el suelo, no puede dormir con la mujer [antes de iniciarse o montársela] Se le baña con agua serená [quiere decir, que se mantiene en una palangana toda la noche para que agarre el influjo del sereno o la humedad de la madrugada] El no puede saber el palo [los palos] que le voy a poner a la cazuela. El palo es muy delicado, no se le puede mostrar a la mujer. Para que una mujer salga buena en Palo, no puede tener eso [se refiere a la menstruación] No puede pasar por delante de la   prenda   con   eso.

La cazuela lleva tierra de muchos lugares, de África, de la India, de Nicaragua…Y cada una tiene su piedra, para que cuando uno jure se lo pase por las heridas y recoja la sangre. Yo rayo con la espuela del gallo [de lidia]

Cunado uno se encuentra con alguien, le dice: "Bonsuá! Vititi Congo Tronco Malo" para que le diga quién es. No kindiambo que es por tratado de los guindavelas. Ya él sabe de que rama es Usted y si le responde, Usted contesta. No, lambe, no que quiere decir [en lengua conga] lengua.

Yo también conozco cómo quitarle la "mano del muerto" [a una prenda] cuando se muere un palero. Cuando se muere, hay que tirar [los chamalongos] para saber con quién se queda [el fundamento] y luego es que se le "quita la mano" [se refiere al parecer al rito conocido como llanto congo o quitarle la lágrima al muerto de la cazuela conga, acto ritual mortuorio.]

Jurar una persona puede ser para su desgracia, si no se tiene cuidado. Antes sólo se juraban a africanos y a haitianos. Todos los padrinos eran de allá [de África]. De mi padrino no éramos africanos uno que se murió siendo más joven que yo, que era mayordomo [de la prenda] y yo. Éramos los únicos cubanos. Porque el Palo era secreto. Sólo lo conocían los africanos.

Ahora no es así. En estos próximos días estoy muy ocupado. Uno es esclavo de su prenda. Mandé las cosas [de mi altar o recinto sagrado] para allá porque tengo que montar dos cazuelas: aquella, la de barro, para uno y la otra, de hierro para uno a quien se le murió su padrino. Una para alguien de España, un catalán que vino para asuntos políticos y lleva como tres meses aquí y se va en mayo. Me dio el dinero para conseguirlo todo. Pero con el chivo que se comprará le voy a hacer algo para que se salve todo el mundo, ahijados y no ahijados. La cabeza no se le da a conocer [a la prenda] sino la sangre. Le corto la cabeza y le pido por todo el mundo, jurados o no. Al segundo día le pregunto [a la prenda] para donde va, que camino cogerá. Eso se hace con ocho velas. Y es para todo el mundo, incluido el hermano Julián, porque somos una sola familia.

Mi juramento o iniciación como Tata

El viejo Tata Nkise, tal vez el más viejo de iniciado en Cuba, sabe de la muerte de mi padrino y de mi rapamiento en el Palo hace diez años en Venezuela. Por tanto se omitirán pasos en la iniciación no sólo por razones de la secretividad, sino porque corresponde al caso personal, igual que al de la otra persona que va recibir la misma jerarquía sacerdotal dentro de esta religión tan injusta y por tantos años mantenida oculta en esta Isla caribeña. Las siguientes acciones se realizaron delante del fundamento en cada caso individualmente y son enumerados brevemente:

El anciano saluda en lengua al fundamento y demás entidades del espacio sagrado que ocupa su habitación
La aviva con aspersiones de malafo [aguardiente] y cantos.
Arrodilla al iniciado frente al altar.
Dibuja con tiza o yeso signos en determinadas partes del cuerpo.

 Rocía estos dibujos con varios de los líquidos de rigor
Coloca la máscara cromada en la cabeza y en los hombros
Incisiones
Lo manda a ponerse de pie
Canta:
Nguello encima ngando [iniciado encima de la prenda]
(bis)

Golpea con el mbele [machete] en las partes en que le hizo los trazos con yeso

Sacrifica un gallo con el cuchillo ritual y cuya sangre derrama encima de cada una de las tres cazuelas y otros artefactos simbólicos del espacio   sagrado.
Les echa encima otros líquidos, como miel, etc.
Canta:
Tata mayimbe encima de ngando [o sea, Padre Jefe consagrado encima de la prenda]
Da   de   beber   malafo   al   iniciado.
Le ordena ponerse en pie

Como acto final de este noviciado, se abraza al Padrino y a los hermanos ante la presencia de los concurrentes y aquél le hace saber claramente al iniciado la responsabilidad asumida ante el paso que se ha dado en esta Religión. En el caso personal mío, y no precisamente como acto de deferencia, me pide realizar el sacrifico del otro gallo que corresponde a mi jerarquía y el resto del rito transcurre como lo que he acabado de describir. Es la primera vez que lo hago y lo he hecho sin ningún atisbo de duda ni de intranquilidad.

Con este ascenso se cumple uno de los designios de mi andariega y trashumante vida por estos caminos signados por la espiritualidad, en busca de la sabiduría. Me siento profundamente honrado por haber tenido en Vicente Portuondo Martín mi guía inicial y ahora en Benito Cristóbal Ramos Sotolongo, hijo de padres esclavos en la colonia, siervo tal vez él también durante la República, pero definitivamente libre en su pensamiento y en su accionar cotidiano durante toda su vida, gracias a la lealtad y al apego a la cultura que le vino de África y que tenemos la dicha los cubanos que se haya conservado intacta en personas de la dignidad y la nobleza de este hijo nacido en esta tierra hermosa bañada por las cálidas aguas del Mar Caribe.

El Vedado, Habana, Abril 1 al 18, 2004.

Capítulo II.- Musundis de Cuba: recuperación de su memoria histórica

El texto que sigue, lo escribí a manera de presentación del libro *Llanto brujo*, publicado en México dos meses después de haberlo escrito en Santiago de Cuba bajo la urgencia dictada por el Tatandi de los Musundi, Aldo Durades Román. Hace apenas una semana, mi participación en el II Festival Cultural con los pueblos de Africa, organizado por el ministerio de Relaciones Exteriores de Venezuela, una feliz coincidencia me ha puesto en contacto en Caracas con angolanos radicados en Cabinda, Angola, donde tuve el privilegio de estar hace exactamente ya veinte años, experiencia compartida con los hermanos joel James y Rogelio Meneses, hace poco fallecidos, con quienes realizaba estudios acerca de las religiones de base africana en Santiago de Cuba y más particularmente con la de ascendencia bantú.

En Caracas también conocí al Sr. Malaki Ma Kongo, cuyo libro me dsipongo a leer para aumentar mis conocmientos sobre el tema e intercambiar con él desde muchos puntos de vista. El libro es una rareza bibliográfica y de una importancia excepcional por el esfuerzo por recuperar la meomoria de la comunidad de los Kongos en Cuba, por la cual nuestros pueblos a ambos lados del Atlántico deberán sentirse sumamente agradecidos. Mantengo al pie de la letra lo escrito en mayo del 2005 y que ofrezco a continuación en los términos en que queda esclarecido en este párrafo.

El libro Dilú Dizanga Nkisi:nwao Nkandia bilongo (traducido al español caribeño: *Llanto Brujo: iniciación y despedida de un Ngangulero*) resume el conocimiento de Aldo Durades Román adquirido durante su fructífera vida como Tatandi del Cabildo de los Musundi, instalado hace muchos años en La Habana por algunos Tata Nganga salidos del Cabildo Congo Kunalumbo, de Sagua La Grande, el más antiguo de Cuba. Aldo nació el primero de junio de 1937 en el poblado de

Zamora, del municipio habanero de Marianao y, siendo muy niño, se vinculó a un famoso gangulero del gajo de los Musundi, que luego se convertiría en su Padrino de prenda, hito que marcaría una vida consagrada casi enteramente a la indagación, el conocimiento y el ejercicio de todo lo concerniente a esta religión traída por los africanos procedentes de la zona denominada bantú del África Central y vuelta a pensar y recreada por sus descendientes afrocubanos.

Inició su carrera como babalocha (santero) en el ilé-ocha (casa-termplo) de Tellita, Omó Obatalá, perteneciente a la rama Latuán, radicada en la calle Carlos III esquina a calle Estrella, La Habana. Su familia de sangre se trasladó a Camaguey donde continuó con la mencionada rama yorubá y luego a la ciudad de Guantánamo, donde desarrolló y consolidó su carrera como santero con la misma rama Latuán vinculado al ilé-ocha de Wilfredo Iznaga, Ogún Chelá, de Esteban Montalvo, Ogú Yemí Yemí (oriundo de Camaguey), de Carolina Varona, Oní Yemayá (también de Camaguey) y de la misma Tellita, quien se incorporó al equipo. Se trasladó a Santiago de Cuba, donde se vinculó a mucha gente de la santería, el Palo monte y a grupos culturales, en Palma, Contramestre, Bayamo, Holguín, Moa, Las Tunas, Trinidad, Santa Clara,

Remedios, Matanzas, Cárdenas, Perico, Jovellanos, Pinar del Río y de la capital del país nuevamente. En cada uno de estos sitios se relacionó con espiritistas, mayomberos y santeros.

Aldo es asimismo Plaza del juego abakuá Bongó Orí Erí Fá Fá y vidente.

Me parece indispensable hacer una breve presentación de quiénes son los Musundi, por cuanto existe muy poca información y, menos aun, conocimiento acerca de ellos en el mundo académico, no así entre estos religiosos. El Dr. Jesús Guanche, en su libro inédito intitulado Africanía y etnicidad en Cuba: los componentes étnicos africanos y sus múltiples denominaciones, los designa con la voz sundi, basundi o nsundi que incluye en la denominación metaétnica congo, condicionada según él por la denotación topográfica e hidrográfica, entre los cuales se han podido identificar en nuestro país a muchos africanos de este origen. Considerados como los primeros habitantes del Congo, la República Democrática del Congo y Angola, algunos autores los incluyen, según este eminente investigador cubano, como parte de los kongo por su cercana vinculación espacial e histórica, "aunque cerca de 200 mil personas se consideran propiamente sundi". Se considera que hablan una variante dialectal del kikongo denominada Kinsundi. La desembocadura del río Congo formó el habitat que le ha impreso una marca especial a los musundi, la cual los distingue de otros conglomerados humanos en tanto los convirtió en pueblos pescadores, cazadores y dedicados a la cría de animales. En nuestro país se les conoce también con los siguientes etnónimos: basundi, congo basundie, congo musundi (congo musundi, congo sundí), congo muzombo (congo musumbo), congo sersundi, musundi (Musundi) sunda y sundi, y con esta última voz aparecen en Venezuela y en México, de acuerdo con las autoridades de sus respectivos países Acosta Saignes y Aguirre Beltrán, citados por Guanche en su obra antes referida.

El conocimiento volcado en el presente libro por el Tatandi Aldo le fue transmitido por sus padrinos de religión, el Tata José Batalla y la Yayi María La Conga, descendientes directos de africanos, y por otros muchos oficiantes entre quienes compartía experiencias e ideas, como con el Tata Nkise Inocente Armando Calvo Martiato (28 diciembre de 1919+4 febrero de 1994), de Poey, Yamba de Biokoko Efó, con Cheo Zarabanda, del Palmar de Marianao, el Tata Nkise Armando Palmer, de la Loma de Regla, el Tata Nkise Amador Saporta Castillo (30-04-1933+11-10,1987), de Párraga, de la casa de los Zarabanda Kinbiyaya Briyumba Kongo Rompe Monte Guindavela y ahijado de Martiato Zayas, de Guanabacoa, el Tata Nkise Gerardo Pedroso Lage, alias El Pico, de Párraga, Siete Rayos Punta de Loma Briyumba Congo, santero y obonékue del juego abakuá Betongó Naró, el Tata Nkise Juan Pedroso Riva (28-08-1924), alias Juancito, de Párraga, de la casa Kalunga Munan Sambe, descendiente de Martica y de Félix Herrera, del pueblo La Navaja, Unión de Reyes, con el Tata Nkise Hernández Armenteros (nacido en Santa Clara el 19-02-1918, vive desde hace muchos años en La Jata, Guanabacoa, donde fue declarado hijo adoptivo de la ciudad, alias Enriquito, ahijado de Panchito Machado, el fundamento de Enriquito se llama Zarabanda Briyumba Congo Siete Mundos Vence Batallas y con el Tata Nkise Francisco Ubencelao Machado Betancourt, alias Panchito Mascahierro, muerto el 17 de enero de 1998, cuya casa fundada en 1950 se llama Zarabanda Mascahierro Escupe Sangre Desbarata Compone Levanta Peso Ngó Batalla Briyumba Congo Hierbe Hierbe, ahijado de Salvador Acuis, del central Orozco.

Entre otros oficiantes con quienes Aldo el Musundi también ha intercambiado, están la Yayi Nkise Eneida Duarte Abadía, nacida el 20-08-1927, quien vive en La Curva de Párraga, nieta de nganga de Emilio O Farril, su fundamento se llama Yaya Nkise Zarabanda Briyumba Congo Vira Mundos Rompepiedra Nkita Malakita, ahijada de Carmelo Briyumba Congo, de El Moro (Mantilla), Tata Nkise Manuel Martínez Navarro, alias Manolo Escaparate, de Poey, nacido el 29-11-1942, quien ha sido un estrecho colaborador de los Musundi y cuya nganga se llama Siete Rayos Ntango Isa Lindero Batalla Briyumba Congo Ngó Gajo Punta de Loma y Gajo Musundi, quien es además santero, babalawo y nasacó del juego abakuá Muñanga Efó, Roberto Font Izquierdo (7-07-1949+24-09-1995), alias El Tuto, fungió en muchas ocasiones como bakoyula en las ceremonias de esta Rama Musundi, el Tata Nkise del nsó kalwanga Mama Choya Musi Congo Beberiko Kulumbé Nfindo congo Gajo Musundi, santero, obonékue de Bekurandió y yamba de la casa abakuá Bakunkere, la Yayi Nkise Herminia Torres Herrera, alias La Beba, nacida en La Habana el 7 de de abril de 1932, Yayi Nkise Malongo Tiembla Tierra Nyombo Lundu niari lekole Gajo Musundi, santera mayor y espiritista, estrecha colaboradora del cabildo de Musundi.

También el Tatandi Aldo compartió experiencias y conocimientos con el Tata Nkise José Oriol Bustamante, nacido en marzo de 1918, cuya casa Siete RayosVititi Congo Saca Empeño, estaba ubicada en Guanabacoa y quien era también plaza de un juego abakuá y también con el Tata Nkise Emilio O Farrill Escoto, uno de los mejores Tata Nkise de todos los tiempos, nacido en 1903 y cuya casa Zarabanda Briyumba Congo Nkita Malankita era descendiente del cabildo Kunalumbo, de Sagua La Grande, los Tata Nkise El Chino Vira Montana, de Puerta Cerrada, Centro Habana, cuyo fundamento era Siete Rayos Vira Montaña Vititi Congo Saca Empeño, Betongó Naroko en abakuá, Robertón el de El Hueco, Párraga, cuyo fundamento era de los Masca Hierro, plaza en el juego abakuá Betongó Naroko, Isidro El Tiña, de Poey, Zarabanda Criyumba Congo Gajo Musundi, José Ramón Iglesia, de la calle Unión en Mantilla, Siete Rayos Kayumbo Inyombo Gajo Musundi...

Mario Pedroso Lage, nacido en El Hueco, en Párraga, Tata Nkise Lucero Takisito Briyumba Congo Ngó, fue también Yamba del juego abakuá Betongó Naroko, cuyo hermano sanguíneo mayor, el orihaté Amilana, otros familiares y ecobios solicitaron al Tatandi la realización del llanto u honras fúnebres que tuvieron lugar en la casa de la difunta madre Tambi, en el propio El Hueco de Párraga hace aproximadamente un año. En este evento participaron Tatas de diversas casas de Malongo, familiares, amigos y ecobios y fue el último de esta naturaleza hecho por los miembros del Cabildo Musundi.

Todos aquellos destacados ganguleros mencionados más arriba dedicaron su existencia a la conservación de las tradiciones, la lengua, la música, los cantos, las costumbres y las prácticas más ancestrales que nos legaron los hijos de África traídos a Cuba en condición de esclavitud y sus descendientes directos. El conocimiento de que disponemos en este libro es también el resultado del ejercicio de la profesión de oficiante principal de la Religión Konga desenvuelto durante más de cuatro décadas a lo largo y ancho de Cuba. En los países donde Aldo ha vivido, como España, Suecia, Suiza, República Popular de Angola, Nicaragua, Italia, Francia, Inglaterra, Moscú, Guadalupe, Martinica, Curazao, Granada, Suriname, República Dominicana y más recientemente México, ha dejado también numerosos ahijados (no es exagerado afirmar que se cuentan por varias decenas de miles los que Aldo tiene en su país natal y fuera de él).

Pero esta obra es asimismo el fruto de la consagración en el estudio, la investigación y el análisis de las tradiciones religiosas de los Musundi, tal como las recibió de los integrantes del mencionado Cabildo bantú de Sagua La Grande, con que posee un vínculo el Cabildo que preside el Tatandi Aldo desde hace más de cuarenta años. Es lo que le permitió realizar en Sagua la primera ceremonia dedicada a rendir homenaje a los primeros africanos de este origen etno-cultural que fueron llevados e introducidos en este territorio de la antigua provincia de Las Villas. Porque Aldo además de ser oficiante principal de esta religiones es un investigador nato con un grueso expediente de estudio de la cultura afrocubana en general, tal como se manifiesta no sólo en La Habana, sino en todo el país y con largo período de estancia en Santiago de Cuba, la capital del Oriente. En esta última ciudad ha establecido un convenio de colaboración con el Centro de la Música y con la Casa del Caribe, institución de carácter científico que le otorgó la categoría de Investigador Adjunto y de la cual es representante en México y en cuantos países tenga delegación su empresa Mulemba Show Caribe Hispano, a fin de hacer la promoción del Festival del Caribe y fomentar el intercambio intelectual, artístico y cultural con la Isla.

Llanto brujo comenzó a ser escrito en España hace tres lustros en compañía de la esposa de su autor, la periodista Susana Reyes, quien ha trabajado en la obra desde 1989 en su condición de periodista y también de Yayandi del Cabildo Musundi. En octubre del año 2000 lo leyó Miguel Angel Botalín Pampín, destacada figura de la cultura nacional, ex director de las revistas Santiago y de Revolución y cultura y, finalmente, le fue presentado en la sede del mencionado Cabildo al investigador Orlando Vergés Martínez en el mes de febrero del año 2002, quien se entusiasmó a tal punto que pidió a su autor presentarlo a la Casa del Caribe, de la cual es Sub-Director, para su publicación en Santiago de Cuba. En abril del año en curso revisé la obra y, apercibido de su importancia, decidí retomar la decisión de Vergés para su materialización inmediata por muchas razones que paso a exponer sucintamente a continuación. En primer lugar porque me percaté inmediatamente de su valor excepcional que lo hará pasar a los anales científicos tanto de Cuba como de la región como una de las obras más importantes escritas sobre el tema. En efecto, la obra presenta por primera vez los elementos principales que se ponen en escena en los momentos más importantes de la vida de un miembro de la Religión bantú: el momento en que es consagrado o iniciado en ella y el otro en que se le rinden las honras fúnebres para despedir su mfumbe o muerto.

Se nombran, enumeran y describen los materiales empleados en los ritos principales que se ejecutan en cada uno de ambos eventos, así como los rezos, cantos, invocaciones y las acciones principales que deben conducirse según las normas o reglas heredadas de nuestros antepasados.

Subrayo que es la primera ocasión en que los iniciados y oficiantes de la denominada Regla Conga o Regla de Palo Mayombe tienen en sus manos un libro en que se les ofrecen estos valiosos materiales que han sido rescatados de la memoria colectiva por el Tatandi de los Musundi como su mejor regalo para la preservación de tan valioso usufructo espiritual del pueblo cubano y de América, para el bien de la Humanidad, surgida precisamente en África. En él tienen una guía segura fundamentada en una sabia experiencia y en el conocimiento de la lengua y el pensamiento religioso de los congos. Constituye asimismo una valiosa fuente de información para los estudiosos de la cultura y ¿por qué no? también para los docentes que están en la obligación de vencer los prejuicios antirreligiosos acumulados durantes siglos de colonialismo y neocolonialismo, que con mérito se ha esforzado por liquidar la Revolución cubana encabezada por Fidel Castro, y llevar a los alumnos el ánimo por el reconocimiento y valoración de esta herencia que nos honra.

Llanto brujo es acompañado de dibujos o trazados rituales ilustrativos de algunos importantes pasajes de los ritos y ceremonias descritas en ella. Aumenta su valor por la inclusión de un disco o fonograma grabado sobre la base de los rezos y cantos auténticos que Aldo conoce por cuanto les fueron transmitidos por sus ancestros de los Musundi y que él ejecuta desde que comenzó su vinculación a esta religión bantú siendo un adolescente hasta el presente. Esta es una producción musical independiente suya en la que participaron experimentados intérpretes y cantantes santiagueros bajo la dirección artística del propio Tatandi que aporta su voz como guía. Al final se ha colocado un pequeño glosario que con los restantes elementos mencionados contribuyen a un mejor manejo de los materiales principales que se ha tenido el cuidado de poner al alcance del público cubano y de otros países en los que han entrado y arraigado muchas de las prácticas religiosas que constituyen hoy en día un objeto de regocijo para nosotros los cubanos, en razón de que no hay otro país en el hemisferio occidental en que se hayan preservado como en Cuba y detrás de las cuales hay un tesoro de sabiduría, de pensamiento filosófico profundo y un río encantador de belleza y armonía.

Una vieja amistad me ata a Aldo, en cuya prenda tomé sombra a raíz de la muerte de mi padrino en esta religión, el Tata Nkise Vicente Portuondo Martín, de la familia religiosa de los Brama con Brama, del Tata Nkise matancero Reynerio Pérez, establecido en Santiago de Cuba a principios del siglo XX. Mi participación en la confección del *Llanto* por un brujo se ha limitado a escuchar, tratar de transcribir y redactar en un lenguaje sencillo lo que el Tatandi de los Musundi me ha dictado durante un tiempo en que hemos concentrado nuestros esfuerzos para poner a disposición de nuestro pueblo este rico legado cultural que debería ser propuesto a la UNESCO, y de hecho lo estoy haciendo aquí en mi condición de investigador y escritor, para engrosar su listado de Patrimonio Intangible de la Humanidad.

José   Millet
Santiago de Cuba, mayo 25, 2004
Coro, noviembre 30, 2007, Los Teques, 208.IV.20

Capítulo IV.- Glosario de la Regla Konga o Regla de Palo Mayombe

A

Alunga*: Para Chaguito, delante.

Ankerere: Malo.

Anketo: Lado contrario.

Atizala: Esconder.

Aguemeni: Hoy mismo.

Antimati: Corazón o de corazón.

Ampulo: Calor.

Anene: Grande.

Ayancuna: Nzambi, Sambia, Dios.

Ague: Hoy.

Airosa Guinano: Hielo.

Aterere: Permiso.

Agué son Agué: Mañana son mañana.

B

Bancofula: Primer mayordomo de la prenda. Voz derivada del kik. Bakofula* por Ayudante

Bakofula*: kik Ayudante. Para Chaguito, es el ayudante del munanso.

Bioco: Ojos.

Bandi: Casa.

Basilo Cuama: Estoy en la cama.

Bebe: Labios.

Bacheche: Fuerte, Firme.

Bajiote: Negro.

Buen Nsasi: Santa Bárbara.

Bronconioni: Cojones.

Burocuamo: Sombrero.

Banduilo: Bandera.

Bunquilanga: Ferrocarril.

Bibe: Corojo.

Bueta Ngonda: Reloj.

Bungonda: Chino.

Bichichi: Gusano.

Burococa: Pavo Real.

Bisonsi: Pescado.

Bulunganga: Extranjero.

Bacoyule Nganga: Ahijado.

Binsi Suso: Carne de chivo.

Bandango: Pato.

Buiga: Rio Salado.

Boma: Miedo.

Bandu: Caldo.

Besongo: Clavo.

Basilango: Pescado.

Bulumuna: Alarma.

Bacura: Traición.

Binga: Averiguar.

Baibira: Extraer.

Betetumbua: Olvidar.

Bilongo*: Un acto o medio de hechizo o encantamiento con fines maléficos.

Bilonguera: Brujería.

Bicaudiuco: Mirar para abajo.

Briyumba*: Según Chaguito, significa cabeza.

Boumba* (L.C.): Vacija mágica. Nganga.

Bouba Kafungo: Tinaja de barro.

Brincadores: Paleros muertos.

Burucontola: Lío, Problemas.

Bumafuca: La noche.

Bukele Kunia: Raíces de roca.

Biyaya o Viyaya: Vela que todo lo sella.

Baumba: Escoba amarga.

Bangala: Fiesta.

Bilongo: brujería.

Batiti Nfinda: Hierba.

Boubanganga: Nganga o prenda envuelta en un pañuelo o saco atado por las cuatro esquinas. Auténtica prenda africana.

Boumba: Nganga preparada fuera del caldero o de la cazuela.

Bundanga: Misterio.

Bisongulo: Cochino, Puerco.

Bumo: Estómago.

C

Cabildo*: Segùn Chaguito, donde vive la prenda.

Caldero*: Por nganga o recipiente donde el palero guarda su fundamento.

Cazuela*: Por reci piente o nganga donde reside el fundamento del palero.

Caduila: Persignarse.

Canguila: Amarrar a una persona.

Cuna: Lejos.

Coyunda: Pita con anzuelo.

Cunalumbo: Luz del Sol.

Cunalongo: Bebida ritual que se da al Tata.

Cunambumbo: [Cuando en la religión se mezclan] Lucumí con

Briyumba [Palo Monte]

Catilemba: Enterrador.

Canfio Cheque-cheque: Antiguo vapor de rudCuluniansi: Mosca mala.

Cuba: Maní.

Conga Africana: Entidad que trabaja con Siete Rayos.

Ch

Cheche*: Para Chaguito, voz que significa que algo o alguien es bueno. Hombre.

Chichiguagun: Hueso de los pies.

Chacuano Cueco: San Lázaro.

Cheche Kalunga*: Según Chaguito, significa el mar o el océano.

Chola Guengue: Santísima Virgen de la Caridad de El Cobre.

Chola Nguengue*: Según Chaguito, la Virgen de La Caridad de El Cobre.

Chola Madre de Agua Punta e mar*: Segùn Chaguito, Yemayá.

Chiminikú: Eleguá.

Checherenguangua: Pitirre.

Chamalongo: Caracol que habla. Sin embargo, en entrevista que le hiciéramos su ahijado Chaguito, para èste es el caldero mágico.

Chamba: Voz derivada del kik. Nsamba* que signitfica bebida tradicional, como la cerveza. VPM designa con esta palabra al "aguardiente mezclado con ají guaguao y otros ingredientes, como la pólvora".

Chechero: Grillo.

Chechengualera: Tomeguín.

Cheche Munanfinda: Venado.

Cheche Cabinda: Palo Tengue.

Chola Wenguere*: W. Mama Chola, Chola nengue, Chola Wengue) - diosa de la riqueza y los placeres. Asociada con la Virgen de la Caridad del Cobre, Santa patrona de Cuba, equivlante a Ochun.

D

Dadai: San Francisco de Asís.

Daradiame: Día tras días.

Delline: Senos.

Dinga-dinga: Gonorrea.

Diame: Días.

Dimanga Ntoto: Escribir en el suelo.

Dilanga: Tiempos de antes.

Dilongo: Plato.

Diá: Por qué.

Dodoma buisima: Ta meno.

Diansila: Lagartija.

Dinga: Decir.

Diarku: Rompimiento, limpieza, ebbó.

Duna: Palo.

Dioce: Artemisa.

Dundu Munantoto: Bibijagua.

Diampula: Cama.

Dio Mambo: Permiso para cantar o hablar.

Diama: Guerra.

Dialugo: Arroz.

E

Empolo: Cerebro.

Encefo: Palo.

Encuto: Oído.

Ento: Frente.

Entanda: Lengua

Elendi: Mejilla.

Endia: Tripa.

Encumbo: Cuerpo.

Encuso: Tobillo.

Ensalumbango: Muslos.

Encandia: Pellejo.

Entoto Nani: África.

Ensao: Elefante.

Enketo: Negar.

Enkai: Mulato.

Enchila: Corazón.

Encullo: Eleguá.

Endoque: Diablo.

Enkulle: Santo.

Endembo: Hombre de África.

Engando vititi: Sapo.

Empolo: polvo.

Empolo Enkunia: polvo de palo.

Empolo masango: polvo (harina) de maíz.

Engundo liai: palma.

Empambia: hermano mayor.

Empangue: hermano de sangre.

Enganso: astro.

Empula: cama.

Engandi: hermana.

Encari: tarde.

Entango: El Sol.

Engonda: La Luna.

Empaca o mpaca: tarro de buey "cargado,o sea, en cuyo interior se ha

depositado una carga mágica[que cumple con la función ritual].

Empaca menso: tarro con espejo.

Entetiro: tierra.

Encumbe: carretón.

Equimensa: sacrificio de Nkise.

Ensulo: el cielo.

Entoto: La Tierra.

Engundo: palos.

Encunia: palos.

Encundo: fatasma que camina.

Enfumbi: muerto.

Enfua: ¿

Enfumbe: espíritu o muerto.

Encanda: libreta.

Entumbe: caña brava.

Encilla: calle o camino.

Endumbo: hombre.

Enfinda: El Monte.

Ensimba: león.

Engó: gobierno, tigre.

Entuala: gato.

Ángulos: cochinos, puercos.

Engombe: buey, toro.

Enfoica: ratón.

Embele: machete.

Embele guatoco: cuchillo.

Embele camba: navaja.

Encaingre: caneca.

Embomba: serpiente.

Entuala engó: gato, tigre.

Embua: perro.

Engando batalla: caimán.

Endinga: ¿

Embambundi: mujer mala.

Endinga: hablar o hablar alto.

Emboba: hablar.

Entombo: botella vacía.

Engando: todo lo que va en el caldero.

Engunda: campaña.

Emposo: sello de juramento congo.

Ensunga: tabaco.

Eeneco: yaga.

Ensumbolo: nube.

(e-) Ntoto enfuá: grande.

Embongo: ?

Enlaigo: baño.

Enyede: bien.

Encaugo: cargar.

Ensanga: cadena [que lleva el caldero del palero].

Enguanguangundo: araña.

Engara: trabajo de hechizo.

Encumba: ombligo grande.

Enculle: iglesia

Empaca: fosforera.

Ensufanta: cura [sacerdote católico].

Entoto Kalunga: arena de mar.*Literalemnte, tierra de Kalunga, señor del Ocèano y todo lo existente en èl. Tierra de mar, es decir, arena.

Encanzi: flecha.

Entuto: mierda.

Encula anculle: camino de la luna.

Enchiata: traición.

Embala: boniato.

Ensuso: pollo.

Ensuso cuello: gallo.

Ensuso yerengue: paloma.

Ensuso lique: gallina de guinea.

Ensuso finda: gallina criolla.

Empepo: papeles.

Empembe: yeso.

Empembe carire: cascarilla.

Embuque: resguardo.

Enllete: bien.

Enlugo: siempre.

Encala: cangrejo

Empaso: hijo.

Emenciemene: a la salida del sol.

Enguembo: murciélago.

Encombre: jutía.

Enculle: collar.

Engombolo: rabo de nube, ciempiés.

Ensuso gombo: guanajo, pavo.

Enyere: rey.

Entombola: eso viene con / en el espíritu.

Enculli: maldición.

Encuallo: mono.

Encani: tarde.

Engángula: trabajo misterioso.

Empua: fiebre.

Entara: fumar.

Ensunga mundele: cigarro.

Encido: yunque de hierro.

Embandi: mal de ojo.

Enduna: batalla.

Encila guabilanga: gualdarrollo.

Embumba ensale: prostituta.

Ebindo: gavilán.

Enfuma: ceiba.

Enamboro: ahiajado.

Enkankue: amarrar.

Ensambe: Dios.

Ensanqueque: hormiga.

Ensesi: venado.

Eensosa: flecha.

Entonto: tierra.

Enogue: por la tierra.

Entungula: polvo de palo.

Ensaratunga: araña.

Enfanga: vamos.

Encodiano: coco.

Enabasongola: muñeco de madera que es endoque, mensajero de la prenda y acompañante del Tata.

Enlengo: medicina.

Embele Kiamen: cuchillo afilado.

Engorda embinda: luna llena.

Embandia: venado.

Engodi: madre.

Empuele-are: cesto.

Enguimbe: marsca.

Encula: calzar?

Empilato: orbirtar.

Enguimbo: tiempo.

Encasa: frijol.

Elumbi: menta.

Esteba: cena?

Ensadio: río salado.

Encongo: multitud.

Embuagui: rojo.

Embemba: jorobado.

Endiembo: cera o recina.

Ecimo: playa.

Encaso: loco.

Enquila: rabo.

Embola: palangado.

Entama: lejos.

Endialoga: facultado.

Empolo queto sobaqueto: brevaje de enfumbe.

Empaso: hijo de brujo [ahijado].

Empele: miel de abeja.

Encuti latiganga: alacrán.

Enciotan taticango:?

Encuso: cotorra [loro].

Engunguro bennfila: marcaperro.

Engangalo kangalocilo: amarra las cuatro esquina.

Entola:?

Enkunia mengantuala: cerdo, cochino.

Ensimba dianfinda: siguarava.

Emberece: yaya.

Enkunia cuya: algarrobo.

Entunque: jiquí.

Enguto : escoba cimarrona.

Endosa: ajonjolí.

Enkunia boleloaso: cabo de hacha.

Enfumo: padre de nganga.

Encangan gombo: persona montada en el perro.

Ensamba: gemelos.

Entala: gemelos.

Encambo aquino: caballito del diablo.

Ensuso muteka: caballito del diablo.

(e)Nquise: prenda judía, bruja (conga).

Enkunia: palo.

Enkumbo: cuerpo humano.

Enguandi: hermana.

F

Fasenda: falso, hipócrita.

Finda Nabatu Nigua*: Para Chaguito, el Monte.

Floron: tela.

Fula: pólvora.

Finda adamuto: El monte.

Finfi: frío.

Furuca: resucitar.

Fumanda dakinpemba: piedra de imán.

Funda:?

Fundamento: Por nganga o recipiente que contiene el poder del gangulero o palero cubano.

Fauculo: macho.

Fateka:?

Fula: fomento.

Fomanpiu: rey.

Fomanco: arrodillarse.

Fumbi: criado, cabeza de nganga.

FutuAgunme: jicotea.

G

Ganga*: Por nganga, receptáculo o prenda del palero.

Gandulero*: Por palero o pracricante de la Regla Conga.

Guansa*: Para Chaguito, dinero.

Guatoco: niño chiquito.

Guisa: halar.

Gando: todo lo que se mueve, que está vivo / elementos de la nganga.

Gudo: bueno.

Guarilanga: guardarraya.

Guardiero: portero de nquise.

Guansa: río.

Guao*: Para Chaguito, perro.

Gua cari: buenas noches.

Guansigilo: caimán.

Guancoloco: enano.

Guiri: oír.

Guiri cuento Chamalongo*: Segùn Chaguito, secreto de la prenda.

Gangole: corriente.

Guachilanga: ómnibus/ autobús: guagua, en cubano.

Guele guele*: según Chaguito, perfume.

Gona*: Para JFG se trata de una calabaza que, para el n-ganga shona, contiene la maedicina mágica,"la panacea africana" que cura todo quebranto.

Gona rekurapa*: Para JFG "calabaza para curar" para el n-ganga shona.

Gongoro: jicotea.

Ganga Lembe: médico.*Sinònimo de Tata Nganga o gangulero.

Guagueto; frijol carita.

Gangola: hermano.

Ganga ndoqui: prenda judía {que sirve sólo para hacer el mal}.

Ganga Sambia: Prenda cristiana (sirve sólo para hacer el bien)

Giobola: vieja.

Gonamnekurapa*:"Calabaza para curar", recipiente usado por el mèdico-adivino para curar.

Guibolo: anciano.

Gamboilo: remolino de agua.

Guando: chicharrón.

Guangua:?

Ganga veila: verde color de la voz.

Guari guari: hablador, gritón.

Guika: vestido.

Gando sede: huevo que se coloca dentro de la nganga.

Gandio: justicia.

Gambela: águila.

Gombe gando: persona que monta.

Ganga lanfula: Osain.

Guisele: diente.

Guiro grande (LC)*: nganga

Gurunfinda*: TDF (D., 103) Osaín. Dios del bosque y de las hierbas. Asociado con San Norberto Nonato o San Silvestre, equivale también en la religión Yoruba a Osain.

I

Inal: candela o alcohol.

Iritota: flor de agua.

Inkita tengue: palo.

Iyalodde*: Para Chaguito, homosexual, afeminado.

J

Jiramar: despertar.

Jolongo*: L.C. Recipiente mágico. Nganga

K

Kabanga*: W. Equivalente a Orunmila

Kalunga*: Para los pescadores con quienes conviví en Angola, Kalunga es una de las máximas fuerzas espirituales que rige su existencia diaria, para bien de su pesca o para la vida si no se cumple con lo establecido por sus costumbres ancestrales. Así lo he descrito en un trabajo publicado en Brasil y que circula en la web.

Kituala o nkise nfumo: Padre de ganga.

Kituala o nkise folouganga: persona que monta perro.

Kimbabula: *W*. Kabanga, Madioma, Mpungo Lomboan Fula, Nsambia Munalembe, Tonde, Daday, Munalendo, Padre Tiempo) - dios de la adivination y los vientos. Asociado con San Francisco de Asis,

Katukemba: ánimos de un muerto.

Krumbana: sensitiva o dormidera.

Karondo: palmiche o palmicita.

Kindamba: a quien se vela, no escapa.

Kosoko: oler.

Kobayende: W. Asociado al dios de las enfermedades y quien las curas, San Lázaro.Ver Pata e Llaga.*

Kimbabula:* Kabanga, Madioma, Mpungo Lomboan Fula, Nsambia Munalembe, Tonde, Daday, Munalendo, Padre Tiempo. Dios de la adivinación y los vientos. Asociado con San Francisco de Asis, equivalente a Orunmila.

Kisukingansi: confiame del fundoti.

Kisiaco: caldero de hierro de tres patas.

Kinoemo: caldero de hierro de tres patas.

Kalumbanga: caldero de hierro de tres patas.

Kimbanga nene: cabildo africano.

Kuna kupucona: cabildo africano.

Kielo: puerta.

Kutukama: escapar.

Kimanima: capa.

Kiankolo: moderno.

Kilise: canilla de muerto.

Kimbisa*:

Kindiambo*: Para Chaguito, llamar.

Kindenda*: Para Chaguito, sexualidad.

Kimbanza: hierba de pata de gallina.

Kama: escoba nueva del palmiche.

Krillumba: cabeza de muerto.

Kuna Lungo*: Teodoro Díaz Fabelo (**D.**, p. 31) sitúa a este cabildo congo en la Sagua La Grande de principios de siglo XX con un rey nombrado Chikiriri; enumera a sus tocadores de tambor y demás destacados miembros.

L

Lembe*: Para Chaguito, que se va.

Lucerna: cabeza.

Lucero*: Entidad superior dentro de la Regla de Palo Monte, equivalente al Eleguá de la Regla de Ocha.

Lucero Mundo*:

Luambo*:

Lembo: dedos.

Lengue: tetas.

Libancole: piernas.

Libancombola: rodillas.

Licencia: permiso.

Lecar: dominar.

Lcuaco: cuarto.

Langue: ateje.

Lucuacame: avispa.

Lucambo nfinda ntoto: tumba.

M

Madre de agua*: Ver Kalunga

Madrina*: Mujer que incia a alguien en una religión afrocubana.

Ma Kengue:* *W.* Yola, Tiembla Tierra, Pandilanga, Mama Kengue. Espíritu de la sabiduría y la justicia. Este mpungo está asociado con la Virgen de las Mercedes y Obatala.

Makuto*: kik JFG p. 21 Recipiente donde el palero coloca el fundamento y fundamento en sí mismo.

Mayimbe*: Para Chaguito, aura tiñosa.

Mayombe*: Para Chaguito, secreto.

Mayombero*: Por practicante o creyente del Palo Mayombe.

Mama Umbo*: W. Equivalente a Oyà Yansa, diosa del cementerio.

Mbele*: Según chaguito, machete.

Mbele cota nasacó*: Para Chaguito, machete corta el pellejo.

Menga*: Para Chaguito, sangre.

Mpungu*: JFG (LR, 18) en kik. "seres supremos"

Mpungu kikoroto*: Para TDF (D. 103) Orula.

Mundo Lima Cava Cuento (Siete Rayos)*: Nombre de la prenda del Tata nganga Vicente Portuondo Martín.

Muenda: vela de muerto.

Muenga carile*: Para Chaguito, vela.

Mansuese: maíz.

Mumua: boca.

Moco|: mano.

Munnanio: cerebro.

Matara: nalgas.

Miollega: leche.

Membo: Vista .Plato al que mira el brujo.

Mina: ?

Mambe ¿?

Má Lango:* Madre de Agua, Kalunga, Mama Kalunga, Pungo Kasimba, Mama Umba, Mbumba Mamba, Nkita Kiamasa, Nkita Kuna Mamba, Baluande diosa del agua y la fertilidad. También conocida com la Virgen de

<u>Regla</u>, Patrona del puerto de <u>La Habana</u>, equivalente a <u>Yemayá</u>.

<u>Mariwara</u>*: También conocida por Pungu Mama Wanga, Centella Ndoki, Yaya Ndoki, Mariwara, Mama Linda, Campo Santo se le considera custodio de la puerta entre la vida y la muerte. Asociado con <u>Santa Teresa</u> y Oya Yansa. En México se sincretiza con la Santa Muerte.

Mariguanda Saqui Cueva: Santa Bárbara.

Mama Ngundi*: Para Chaguito, la ceiba.

Mama Yaya:

Mama Chola: Virgen de La Caridad.

Madre Agua: Virgen de Regla.

Mama Kalunga: Virgen de Regla.

María Mundo: Regla.

Mayomguera o Mayombera: Santa Teresa.

Mari Guaba: Santa Teresa.

Monanquité: Obatalá.

Mañunga: Anima Sola.

Manzanero: mensajero del nkise.

Masango: masa de maíz.

Mazango*: JFG p. dice que es voz que designa una protección, de la que se deriva la palabra konga Makuto.

Monganga: hermana mayor, madrina de Nikiso.

Meme: chivo. Para Chaguito, también es chivo.

Mamanaosa: caimán.

Mamba: espíritu del río que trabaja con los astros.

Macalonga: palangana.

Malafo*: kik Bebida

Malafo musenga: aguardiente de caña.

Malafo seco: vino seco. Para Chaguito, igual significado.

Malafo maba: manteca de corojo.

Malafo yimbi: vino dulce.

Masango*. JFG Resguardos (p. 1&)

Mata: sifilio.

Miun: ¿?

Menia: hernia.

Mumba: brujería.

Mandundo: gusano que se come la carne y deja el hueso.

Munanso guanabeto: cárcel.

Munanso rumba loma: cárcel.

Munanso cabo e ronda: çárcel.

Mumbura: sal.

Muquisa: ¿?

Muchicaco: hombre.

Museana: zoga, mecate.

Mechoso: albahaca.

Moxi: luz de luna.

Muramfuka: bueno.

Musenga: caña de azúcar.

Muenga: azúcar de caña.

Mayunga: Anima Sola.

Masame cucu lango: agua que corre.

Masa yaya: palo huevo de gallo.

Mama fumbe: ceiba.

Miene carire: estrella.

Moyi: Luz del sol.

Miama: baraja.

Mamaca: coco.

Memi-memi-bote: saludo del día.

Memia foku: saludo de la noche.

Mato enkula: estar atento.

Mundasi sumo|: trueno.

Mulanquele: muchacho.

Muanda: asunto.

Moment ntoto: tumba.

Masuradi: soldado.

Muansosi: bicho.

Mumba: garabato.

Mumba: brujería.

Makunko: amigo.

Mavivina: Virgen de Regla.

Munansuasi: Ochosi.

Mune Nsambi: paloma.

Macuto: resguardo.

Munalunque: Los Jimaguas.

Motito: agua.

Muniaco: muñeco que va encima de Nkise.

Munalungo: Dios del Rayo. Dios del Sol y como el Sol nos beneficia es bueno.

Gombe Munalungo.

Mundaseque: sabana.

Munacasimba: La Ceiba.

Masimene: mañana.

Meba: ceiba.

Muninfuere: bicho.

Macoco guando: camello del monte.

Macuembri: palo brujo.

Musambo: brujo.

Muensi: huesos.

Mavivina: era un Ndoki.

Maswe*: Para JGF (EMA, p. 15) es "rabo de culebra, buey u otro rumiante" que usa el gangulero para ahuyentar a los malos espíritus e, impregnado en su punta con alguna medicina, sirve para despojar el cuerpo de un enfermo.

N

Nboa*: Para Chaguito, hablar, llamar.

Nbuka*: kik curación.

Ndoqui: *kik. Daño

Nganga*: Paa JFG voz derivada del protobantú *nyanga que designa el cuerno, usado por el yerbero africano como vacija donde deposita sustancia medicinales. Para JFG (**LR**, 18) ngaga deriva del kik nganga que significa "curandero, adivino, experto en". Los paleros cubanos la usan para designar a la cazuela de barro o hierro que constituye el "fundamento" de su actividad cotidiana en que se combinan medicina tradicional africana, religión y magia.

Ngando vititi*: Para Chaguito, nimnso o menso.

Nganga cristiana: Es la prenda o fundamento común del palero cubano, empelado en la consulata para beneficiar al prójimo.

Ngóngoro*: Para Chguito, jicotea.

Nkita*: JFG (LR, 18) del kik. "espíritus-fetiches."

Nguello* o enguello*: Recién iniciado en la Regla de Palo.

Ngoma*: Voz kik., deribada de la protambu *goma, por tambor.

Ngombo*: kik adivinación.

Ngume*: Según Chaguito, designa a la jutía, que es paraèl la comida preferida de Zarabanda y Eleguá.

Ngundu*:

Nkise*:

Nkise Malekun*: Según Chaguito, sacerdote de Palo.

Nkise nfumo*: Para Chaguito, prenda judía, que trabaja con el diablo. Entre sus herramientas, no encontramos el crucifijo, símbolo de Sambia.

Nkisi*: JFG (LR, MA, 18) kik. "Fetiche". Recipiente mágico el que, para los congos de Africa, era pequeño, como un tarro o un guiro.

Nsala*: Para Chaguito, trabajo congo, brujería.

Nsasi*:

Nsulo*: Para Chaguito, ave, gallo, pollón.

Ntongo*: Para Chaguito, golpe

Ntongo yaya*: Para Chaguito, cerdo.

Ngulo*: Para Chaguito, cerdo.

Ntoto*: Según Chaguito, tierra

Ntoto de Cheche Kalunga*: Para Chaguito, arena.

Nunan Susi: Ochosi.

Nacula: va a nacer.

Natumbo: brujería.

NarisuaYaro: gobernador.

Ntendian finda: rompesaraguey.

Nanci: araña. (Resulta interesante el nombre dado en la palería santiaguera a una de las guerreras de Jamaica que se las ingenió—con imaginación y vlanetía—para nunca ser vencida por los colonialistas ingleses.)

Nsunga*: kik. Tabaco (JFG, p. 16)

Nzuzu*: JFG p. 17 Espíritus de las aguas, entre los que cita a Kisimbi Masa, Mama Kalunga, Mama Umba, Mboma, Mbumba Mmba, Nkita Kiamasa, Nkita Kuna Masa, Nkita Kuna Mamba y Pungo Kasimba. Díaz Fabelo añade a Yaya Lango.

Nkuyu*: Nkuyo, Mañunga, Lubaniba, Lucero. Deidad de los bosques y caminos, guía y equilibrio. Asociado con <u>Santo Niño de Atocha</u>, equivalente a <u>Eleggua</u> o <u>Eshu</u>.

Ñ

Ñicua: brazo.

Ñoca: majá, ofidio endémico de las Antillas.Es voz que encubre una palabra tabú, que no se debe pronunciar.

Ñocu: mano.

O

Olbola: La Caridad de El Cobre, que es poblado cercano a Santiago de Cuba.

Onsuala: aprisa.

Omalembo: despacio.

P

Padre de nganga*: Para Chaguito, sacerdote principal de la Regla Conga. Dueño de prenda.

Padrino*: Quien inicia a alguien en una de las Reglas o religiones de base africana en Cuba.

Palo*: Sistema de pensamiento filosófico y prácticas asociadas a él derivado de los pueblos extraídos del stock bantú y traídos al Caribe durante la época de la gran plantación esclavista.

Palo Mayombe*: Por Regla Conga o Regla de Palo Mayombe.

Pemba: vela. Para Chaguito, tiene igual significado.

Pemba carire: vela que se pone al Nkise.

Pandiame: pie.

Piangana:?

Pandilanga: Jesucristo.

Pata Yaga: San Lázaro.

Pata Fula: San Lázaro.

Peti Furo: San Lázaro.

Peti fula: mayordomo o sirviente de prenda.

Paquinaka: niño chiquito.

Pachuca: rana.

Patiti: hierba.

Prenda*. Recipiente donde reside el fundamento del palero. Por nganga.

Prenda judía*: Nganga o recipiente en la palería con fines maléficos.

Prica finda: ratón de monte.

Patin polo: ceniza.

Pandiamate: zapatos.

Puerta nkise: puerta del munanso o del cuarto sagrado congo.

Patin: algo que avanza.

Panliancila: irse.

Pemo: aire o viento.

Pango: aire o viento.

Patibere: juramento.

Panga Langada: quien hizo el tambor de Africa.

Palo mayimbe: cedro.

Pachangala: lesbiana.

Panganioni: hombre afeminado.

Q

Quiguagua: ¿?

Quitapeso: ¿?

Quisonde:?

Quisille: …. ¿qué pasa? ¿Cómo se llama Usted?

Quisille: Que pasa como se llama

Quidiambo. Que pasa como se llama usted

Quiniani. Quien esta ahí

Quitombele. Lluvia.

Quinfuiri. Tambor de muerto.

Quinquinita. Pelea.

Quini.bucear.

Quiaco quiaco. Paso a paso.

Quiangana quijan.correr.

Quinjenco.gavilan.

Quiaco lumene.Espera un poco.

Quiquirico.portero del nkise.

Quisiaco.caldero de tres patas.

Quindemo.caldero de tres patas.

Quibilisao.piojo.

Quinquinfua.tierra de muerto.

R

Rallar*. Por iniciar en la Regla Konga

Rallamiento*: Acto de iniciar a alguien den la Regla Konga.

Rompe Monte*: W Por entidad konga euivalente al Ogún de la Regla de Ocha..

S

Soreando: garabato.

Sala: una.

Sambia: dios.

Sambianpungo: dios.

Sambia: hueso.

Sambrano Nsasi: Santa Barbara.

Sasi Cuena: Idem.

Siete Rayos: Santa Barbara.

Siete rayos:* W. Nsambi Munalembe, Nsasi, Mukiamamuilo, Mariwanga. Dios del trueno, el fuego, representa también todas las imperfecciones y virtudes del hombre y la belleza viril equivalente a Santa Bárbara, y a Chango.

Siete Rayos Mundo Lima Cava Cuentos*: Nombre de la prenda de Vicente Portuondo Martín.

Simbe*: Para Chaguito, dinero.

Suasi: Santa Barbara.

Sansu cristo: Jesucristo.

Sambia lacutare: Que dios te ampare.

Sarabanda: W. Zarabanda, Rompe Monte - deidad del trabajo y la fuerza. Asociado con San Pedro, equivalente a Ogun.

Sarabanda:*TDF (D. 103) Ogún.

Sarabanda: San pedro apóstol.

Sarabanda Corta lima: San juan de dios.

Sandana: Cazuela\recipiente donde se aloja el muerto.

Sibi: espritu del rio.

Sibiguasa: espiritu del rio.

Sueso: pico de ave.

Sambia liri: hijo de dios.

Sanfulio: dame.

Simbo: dinero.

Singoma: Tambor.

Saulente: elefante.

Saya aguengue: mujer.

S acuta: cura|sacerdote.

Surumba Mukalla: W.* Watariamba, Nkuyo Lufo, Nguatariamba Enfumba Bata, Saca Empeño, Cabo Rondo, Vence Bataya) - dios de la caza y la guerra. Asociado con San Juan Bautista, equivalente a Ochosi

Susandamba*: Para Chaguito, lechuza.

Susundamba: lechuza.

Susuquembo: gavilan.

Sopay: qimbombo.

Sambia nquele: si dios quiere.

Sanquisa: Bronca.

Sanque: priedra de Iman.

Siete brillumba dianga cuaba: siete tierras del cementerio.

Siete ndianga mundo caba: siete tierras del cementerio.

Sicanagua?

Sirabuquilangue: ?

Sacurinu: esclavo.

Sanuere: venado.

Segueri: enero.

Siente Mundo: Osain.

T

Tata nganga*: Hechicero, adivino o curandero. Para Chaguito es Padre de nkise que lo faculta para iniciar a alguien en la Regla de Palo y dar caldero.

Tata Malecun*: Para Chaguito, se trata del sacerdote a quien no le han hecho la ceremonia del caldero y no tiene derecho a rallar o inciar a una persona en la Regla de Palo Mayombe.

Tonfo: ceso.

Tambo: pueblo de África.

Taco Chola: Caridad del cobre.

Tiembla tierra: Obatalá.

Temutu Mu: Elegua.

Tile: tierra.

Tatande: padre principal, abuelo.

Tatandi*: Para Chaguito, abuelo padre de otros padres de nganga, que tiene una familia de ahijados muy numerosa en su ciudad, provincia y nación.

Tumboa: remolino.

Tarambele: San Sebastián.

Tere yunta: carnero.

Teremene*. Para Chaguito, resguardo congo.

Telemene*: Para Chaguito, resguardo congo.

Tilla: escoba amarga.

Tesia: retroceder.

Tumba ndoqui: acusa de brujo.

Tondele: aguanta.

Tarampuerta: portero del nkisi.

Tetubua: lucero.

Tengua: ciclon.

Tronco nanga: ceiba.

Tómbola: encendedor.

Tenu tenu: estrella.

Tumbo: retozar.

Tembo: remolino.

Tullumbo: La luna.

Tango*: Para Chaguito, el Sol.

Tumbo: barco.

Tocanisa: molestar.

Ticantira: madrina de nkisi.

Tuola: pimienta.

Trilla: escoba amarga.

Tona jorrin: eran muertos.

Tatuca: eran muertos.

Tocuando: pájaro carpintero.

Tuna: candela.

Tetie: ciego.

U

Uria: comida, en Regla Konga o Palo Mayombe.

Umpapo: ciego.

V

Vrillummba*(LC):

Y

Yaya o Yayita*: Madre de nganga en la Regla de Palo Mayombe cubana.

Yembe*: Para Chaguito, paloma

Yute: paja.

Yenyere: cuerno.

Yambosa: bebida de juramento del nkisi.

Yari yari: enfermedad.

Yayi: madre de nganga.

Yeto cueto. Nosotros somos.

Yumbe: sonido de rayo.

Yalanda: trabajar.

Yonda: cruz.

Yucula: Caoba.

Yumbulisi: fiesta o cantar.

Yimbi: persona que monta perro.

Yuyunquela: arcoiris.

Z

Zababanda*: TDF (D.) Equivlante a Ogún.

Zambia*: Por Nsambi o Nzambi.

Zambiampungo*: Por Sambi o Nazambi.

Zarabanda Cava Cuento Yaya Espantamalo*: Para Chaguito, es el nombre de su fundamento nacido del de Vicente Portuondo Martín.

Capítulo V.-**LETRA BANTÚ MUSUNDI QUE REGIRÁ EL AÑO 2009.**

PARA BENEFICIO DE CUBA Y LA HUMANIDAD.

ENUNCIADA POR EL TATANDY DE LOS MUSUNDIS.

ALDO DURADES ROMÁN.

Y EL CONSEJO DE SABIOS DEL CABILDO REGIDO POR LA YAYANDY DE LOS MUSUNDIS.

LIC. SUSANA MIRIAN REYES MARTINEZ.

ENUNCIADA EL 28 DE DICIEMBRE DEL 2008

PODERES O DIOSES REGENTES: NGURUNDA, (OSSAIN) Y NGUENGUERENGUE, (OSHÚN) COMO SE LE IDENTIFICA EN CUBA; SEGÚN LA PREDICIÓN DEL SISTEMA DE ADIVINACIÓN BANTU PROPIO DE LOS MUSUNDIS.

AMBOS PODERES DOMINAN EN EL TERRITORIO DE NLÁ, PREDIO DEL TIGRE.

ESTOS PODERES REPRESENTAN LA PSIQUIS Y EL ESTÓMAGO, O SEA, QUE DE HECHO, SON LAS PARTES SENSIBLES DE NUESTRO CUERPO, LAS MÁS VULNERABLES PARA ENFERMADADES Y NEGATIVIDADES EN EL AÑO; Y LAS QUE DEBEREMOS PRESERVAR DE MANERA ESENCIAL.

LA FECHA DE CELEBRACIÓN DE ESTOS PODERES ES EL 4 DE JUNIO Y, DE MANERA LÓGICA LOS NACIDOS EN ESTE DIA SERAN MÁS INFLUENCIADOS P0R LAS TENDENCIAS POSITIVAS Y NEGATIVAS DE LA LETRA, SUS INTERPRETACIONES Y DESIGNIOS.

DICE LA PROFECIA O LO QUE ES LO MISMO EN LENGUA BANTÚ:

(TONDELÉ NZALANGALANGA NFINDO)

TENGA CUIDADO CON LA PIEZA QUE VAYA A CAZAR EN EL MONTE, SE PUEDE EQUIVOCAR SI ANTES NO SE DETIENE A PENSAR SI ES LA ACERTADA, SI ES LA QUE REALMENTE LE CONVIENE, Y EN VEZ DE BENEFICIOS OBTIENE CALAMIDADES.

INTERPRETADA DE MANERA SOCIAL, ES DECIR, LLEVADA AL TERRENO DE LAS REALIDADES, NOS ALERTA ACERCA DE LAS DESICIONES QUE DEBEREMOS TOMAR EN CUANTO A LOS MODOS DE OBTENER DINERO, A LOS NEGOCIOS Y ASUNTOS ECONÓMICOS QUE ENFRENTAN AHORA UNA CRISIS GLOBAL Y CUYA SOLUCIÓN NO SE AVISORA, SEGÚN ANALISTAS FINANCIEROS, HASTA TRANSCURRIDO EL 2010.

POR LO TANTO,EN ESTE NUEVO AÑO DEBEREMOS SER MAS CAUTELOSOS Y AHORRATIVOS,METICULOSOS A LA HORA DE INVERTIR DINERO,NO APOSTAR , NO DEJAR LOS ASUNTOS DE NEGOCIOS AL AZAR, Y SOBRE TODO, EVITAR LA ILEGALIDAD Y LA

CORRUPCIÓN, PORQUE AMBAS REPRESENTAN JUSTAMENTE LA "PRESA QUE NO DEBEMOS CAZAR".

OTROS ASPECTOS DE LA LETRA ADVIERTEN:

LA MINGA, O SEA, LA SANGRE, NO SOLO CORRE POR LAS VENAS PARA MANTENER LA VIDA, SINO QUE TAMBIÉN ES TRANSMISORA DE ENFERMEDADES CADA VEZ MÁS VIRULENTAS, CUÍDESE.

LOS NACIDOS EN ESTA NZILA O CAMINO DEBEN ESTAR MUY ALERTAS CON LAS PERSONAS QUE LES RODEAN, SEAN FAMILIARES O AMISTADES, DEBEN CUIDAR SU UNIÓN MATRIMONIAL O COMPAÑÍA INTIMA; YA QUE ESTA SE PUEDE VER AFECTADA POR UN MALEFICIO MIENTRAS USTED ESTA PENSANDO QUE TODO ESTA BIEN;SIN EMBARGO, PUEDE ESTAR A PUNTO DE PERDER NEGOCIO Y FAMILIA.

DICE LA PREDICCIÓN QUE USTED PUEDE HABER NACIDO CON ALGUNA

NEGATIVIDAD DE INDOLE MUERTERA, Y DEEBERÁ PROTEGERSE CON UNA NZALA O TRABAJO BANTÚ.

IMPORTANTE:

ESTE ES EL AÑO DEL MUERTO PARA TODOS, SEAN NGANGULEROS, BABALOCHAS, IYALOCHAS (SANTEROS) O BABALAWOS.

LA SABIDURIA DEL MUERTO REGIRÁ TODAS LAS ACCIONES QUE SE EMPRENDAN PARA BIEN, HAY QUE APROVECHAR SU INFLUENCIA DIVINA, LA ESPIRITUALIDAD QUE DE ÉL EMANA Y ESTA REFLEXIÓN NOS CONDUCE A ALGO QUE SERÁ ESENCIAL, Y ES LA VALORACIÓN DEL ESPÍRITU POR ENCIMA DE LA MATERIA. LLEVADO AL PLANO DE LA SOCIEDAD, ESTO SIGNICA QUE HAY QUE VALORAR MÁS LOS DONES CON LOS QUE LA NATURALEZA HA BENEFICIADO A LA RAZA HUMANA Y NO ANTEPONER LA AMBICIÓN Y LA SOBREVALORACIÓN DE LAS COSAS MATERIALES.

ES EL AÑO 2009 EL TIEMP0 DE LAS VISIONES, AÚN LOS NEÓFITOS O NO CREYENTES SOÑARÁN CON LOS MUERTOS, TENDRÁN VISIONES; PERO, ASEGURA LA RELIGIÓN, NO HAY QUE TEMERLES. SI SON ENTIDADES OBSCURAS SE LES PUEDE NEUTRALIZAR, SI SON DE LUZ APROVECHAR LA ADEVERTENCIA QUE DE SEGURO NOS ESTÁN ENVIANDO.

LOS INICIADOS EN CUALQUIERA DE LAS RELIGIONES AFROCUBANAS, SABEN QUE DEBEN DIRIGIRSE A SUS MAYORES, A LAS FUENTES DE CONOCIMIENTO DE LAS DISTINTAS CREENCIAS; PORQUE, Y ESTO ES MUY IMPORTANTE, VENGAN DE DONDE VENGAN, LOS MUERTOS RIGEN NUESTRO DESTINO Y ADVIERTEN ACERCA DE LOS MISTERIOS DE LA EXISTENCIA, OBRAN DESDE OTRA DIMENSIÓN Y HAY QUE INTERPRETAR ADECUADAMENTE LA INFORMACIÓN QUE NOS QUIEREN TRANSMITIR. AUNQUE LAS PERSONAS PERCIBAN

ESTOS SUEÑOS COMO PESADILLAS NO SE ALTEREN PUES SE TRATA DE ADVERTENCIAS QUE LOS NFUMBES LES ESTÁN DICIENDO.

RENDIR CULTO A LOS ESPIRITUS ES LA REGLA PARA ESTAR EN PAZ CON ELLOS; YA SEA POR MEDIO DE OFRENDAS, MISAS, FIESTAS ETC.

CARACTERÍSTICAS DEL TERRITORIO DE NLÁ DONDE VIVEN LOS PODERES REGENTES:

POR TRATARSE DE UNA LETRA DE INTERPRETACIÓN COMPLEJA (YA QUE DEPENDE MUCHO DE LA REALIDAD DE CADA INDIVIDUO), SE ACONSEJA SER MUY CUIDADOSO EN LAS ACCIONES A EMPRENDER.

LOS NACIDOS EN ESTE CAMINO DE NLÁ DEBEN ESTAR PREVENIDOS CON RESPECTO A LOS DESASTRES NATURALES, ESPECIALMENTE INUNDACIONES PROVOCADAS POR NZARUNGAMBA (YEMAYÁ) ASI COMO DE LOS MISTERIOS DE LAS PROFUNDIDADES.

1)-NZALA NKOMBO O TRABAJOS QUE LE AYUDARÁN:

EN ESTE AÑO LAS PERSONAS DEBEN CUIDARSE ADEMÁS DE ENFERMEDADES SILENCIOSAS, DE LAS DEGENERATIVAS Y CRÓNICAS PROVOCADAS POR EL ESTRÉS, Y DE PROBLEMAS CON SU DESEMPEÑO SEXUAL.

DEBERÁN HACER NZALAS NKOMBOS (TRABAJOS ESPIRITUALES EN SUS CUERPOS), PARA ALEJAR LA NEGATIVIDAD DE SUS VIDAS;

PUES ES ALGO QUE VIENE DESDE EL COMIENZO DE SUS EXISTENCIAS.

A)-PRIMERO TIENE QUE PREPARARSE UNA TIZANA DE RAÍCES PARA PURIFICAR SU SANGRE.

LUEGO HACER UN TRABAJO CON NUEVE LANGOS (AGUAS DE DIFERENTES PROCEDENCIAS) Y TODO ELLO DEBE HACERSE AL PIE DEL TRONCO DE UNA CAÑA BRAVA

(BAMBÚ), PLANTA PERTENECIENTE A NYENDY (BABALÚ).

VIERTA LA MEZCLA EN SU CABEZA Y MIENTRAS VAYA PIDIENDO LO DESEADO.

LUEGO DEBE ROGARLE A NTUTUNDIANGO (OBATALÁ) Y HACER UNA CEREMONIA EN SU NTÚ O CABEZA PARA QUE FUNCIONE BIEN Y RAZONE CON CLARIDAD, PARA AYUDARLE A ENCAMINAR SU VIDA.

2)-LA RELIGIÓN BANTÚ LE SALVARÁ DE CUALQUIER MAL O DE LA NEGATIVIDAD DE SU ENTORNO.

A)-REÚNACE CON SU FAMILIA, ACOPIE PRENDAS SUDADAS DE CADA QUIEN, PURIFÍQUELAS CON AGUARDIENTE DE CAÑA, VINO SECO Y HUMO DE TABACO .PASENLAS POR SUS CUERPOS, DE LA CABEZA HACIA LOS PIES, ROMPA ESAS PIEZAS, DEPOSÍTELAS EN UNA BOLSA A LA QUE AGREGARÁ AGUARDIENTE, VINO SECO, UN PEDACITO DE TABACO,MIEL DE ABEJAS Y NUEVE MONEDAS.LLEVE

ESE CONTENIDO A UN MONTE Y AL DEP0SITARLO PIDA POR LA SALUD, PROSPERIDAD Y ESTABILIDAD DE USTED Y SU FAMILIA.

B)-PARA COMBATIR OBSTÁCULOS Y NEGATIVIDAD.

BUSQUE UNA JAULA DE PÁJAROS Y META DE TRES A NUEVE DE ESTAS AVES.NO DEBE SER EN NÚMEROS PARES; SINO TRES, CINCO,SIETE, NUEVE.CUIDE MUY BIEN DE ELLOS, Y CADA VEZ QUE TENGA UN PROBLEMA, LIBERE UNO; PERO ANTES HÁBLELE AL PÁJARO EL MENSAJE QUE DESA ENVIAR A NZAMBI (DIOS).ESTO CREARÁ UN EFECTO POSITIVO.

C-BUSQUE EN EL MONTE UN PALO DE GUAYACÁN, SIGUARAYA O YAYA, "TIENE QUE SER IGUAL A SU ESTATURA". PURIFÍQUELO CON AGUARDIENTE DE CAÑA, VINO SECO, MELAO DE CAÑA, MIEL DE ABEJA Y HUMO DE TABACO, INVOCANDO LA ACCIÓN DE NGURUNDA (OSSAIN), PARA QUE FRENE NEGATIVIDADES.

HAY QUE PURIFICARLO CADA NUEVE DIAS CON LOS MISMOS MATERIALES QUE USÓ AL PRINCIPIO.

D)-EL IMPERIO DEL TIGRE.

EL TIGRE ES EL SÍMBOLO DE MANDATO EN ESTE AÑO Y DEBE APROVECHARSE TODA SU FUERZA COMO ELEMENTO MÁGICO.

UTILICE LA IMAGEN DEL TIGRE EN CUADROS, DIJES, ADORNOS, PAÑUELOS DE CABEZA, PULSERAS O EN FIGURAS DECORATIVAS Y AMULETOS.

3)-NZILA Y NDYDY.

SON LOS ELEMENTOS BASICOS DEL SISTEMA.

ELLOS CREAN UN PUENTE, UNA TRANSICIÓN ENTRE LOS PODERES REGENTES, ESTABLECEN UN RESUMEN DE LA PREDICCIÓN QUE PUEDE SER FAVORABLE O DESFAVORABLE.

ESTE AÑO ZERZERDAMBA, NFUMBE, NKANDA (EL BUHO, EL ESPIRITU Y EL LIBRO), Y NDYDY NKAYI (LA VIDA VERDE DEL RIO), LE DAN UNA PERSPECTIVA FAVORABLE A LA LETRA, ES SEMEJANTE A UNA CONTRAPARTIDA CONTRA EL MAL; DE MANERA QUE LOS ASPECTOS NEGATIVOS DE LA PROFECÍA PUEDEN TENER SOLUCIÓN SIEMPRE Y CUANDO LAS PERSONAS SE APOYEN EN EL PODER DE TUNGUÁ, DIOS REGENTE DE ESTE PUENTE.

ESE PODER REPRESENTA A LAS CIENCIAS Y LOS MISTERIOS DEL MUNDO.

DICE TUNGUÁ QUE NO TENGAN MIEDO PORQUE ESTE PUENTE ES EL QUE CONDUCE A LA FELICIDAD, EL AMOR, LA CONCORDIA,LA ESTABILIDAD,LA ABUNDANCIA Y POR TANTO LA FORTUNA.

SE ACONSEJA: HÁGALO TODO BIEN Y TRIUNFARÁ, NO LE DESEE MAL A SUS SEMEJANTES, NO MALDIGA

, TENGA PACIENCIA ANTE LAS CONTRADICCIONES DE LA VIDA, MEDITE Y NO SE DEJE ARRASTRAR POR LA IRA.

NZALA NTOTO (TRABAJO EN LA TIERRA) PARA SU CONFIRMACIÓN.

A)- CONSTRUYA O BUSQUE UNA CASITA DE MADERA U OTRO MATERIAL EN FORMA DE CASTILLO, BUSQUE UN MUÑEQUITO PEQUEÑO QUE QUEPA DENTRO.PONGA LA CASITA EN EL PATIO DE SU VIVIENDA Y RODÉELA CON UNA CERQUITA.

UBIQUE VARIOS MUÑEQUITOS EN LO QUE SERÍA EL PATIO DE LA CASITA, (DENTRO DE LA CERCA, DE MANERA QUE SE REPRESENTE EL REY, EL CASTILLO Y EL PUEBLO).

TENGA ENCENDIDA UNA VELA NEGRA DURANTE NUEVE DÍAS CONSECUTIVOS E INVOQUE AL DIOS TUNGUÁ, USTED COMPROBARÁ LOS BUENOS RESULTADOS.

REFLEXIÓN DE LA PROFECIA:

¿POR CUÁNTO TIEMPO Y HASTA DÓNDE NOS AFECTARÁ LA CRISIS ECÓNOMICA?.

LAS PREDICCIONES FINANCIERAS SON INTIMIDANTES; PORO ENFRENTAN A LA HUMANIDAD A LA REFLEXIÓN DE CUÁN DESIGUAL ES EL REPARTO

DE LA RIQUEZA EN EL MUNDO. SABEMOS QUE LOS POBRES SERÁN MÁS POBRES QUE LAS PENURIAS AUMENTARÁN COMO NUNCA ANTES. SOMOS CREYENTES CONVENCIDO

SABEMOS DESDE LO PROFUNDO DE NUESTRA CREENCIA Y DEL CORAZÓN, QUE LA GENEROCIDAD PUEDE HACER DIFERENCIA EN UNA RELACIÓN DESIGUAL. LA FAMILIA COMO BALUARTE, LOS AHIJADOS, LOS AMIGOS Y ESE DESCONOCIDO QUE NOS PIDE AYUDA TIENEN QUE FORMAR PARTE INDELEBLE DE LO QUE SOMOS: HUMANOS

TESTIGOS:

LIC. VERA EUNICE DURADES REYES.

PRIMERA SACERDOTISA DE SISTEMA DE ADIVINACIÓN MUSUNDI BANTÚ EN EL MUNDO.   YAYI NKISI MALONGO NDÍ BILONGO NZÍ.

2)-DAYMA DURADES REINOSO. YAYI NKISI MALONGO NDÍ BILONGO NZÍ, ESPIRITISTA E IYALOCHA.

3)-LIC.RAFAEL RODRIGO RUIZ CONTRARA.   SASERDOTE DEL SISTEMA DE ADIVINACIÓN BANTÚ. TATA NKISI MALONGO NDÍ BILONGO NZÍ.

 4)-ROBERTO PISONEROS REYES. TATA NKISI MALONGO NDÍ BILONGO NZÍ.

5)-LIC. SARA IBIS REYES MARTINEZ. NKISI MALONGO.

6-LIC. FABIANA IBIS MARTINEZ RODRIGUEZ.   NKISI MALONGO.

7)-LAURA.   YAYI NKISI MALONGO.

8)-ALEJANDRO VILARIÑO.   NKISI NKENTU MUSUNDI.

9)-MIGUEL ARTURO TOLOSA MORENO. TATA NKISI MALONGO NDÍ BILONGO NZÍ. (DOKY Y NDOKY), BABALOCHA SHANGÓ TOLÁ.

10)-BENJAMÍN.   TATA NKISI BILONGO.

11)-ITZÉ AZCOITIA SALGADO.   YAYI NKISI MALONGO NDÍ BILONGO NZÍ, IYALOCHA OSHÚN.

12)-RAUL ALEJANDRO HORTA SANDOVAL.   NKISI MALONGO.

13)-RAUL FELIPE HORTA JUAREZ DUARTE.   NKISI BILONGO.

14)-BEATRIZ SANDOVAL RAMIREZ. NKISI BILONGO.

15)-CRISTIAN ALBERTO HORTA SANDOVAL. NKISI MALONGO.

16)- NORMA CRUZ DELGADO.   YAYI NKISI MALONGO NDÍ BILONGO NZÍ.

17)-YOLANDA SALDAÑA.   NKISI MALONGO.

18)-DIEGO VARELA DE LEÓN.   TATA NKISI MALONGO NDÍ BILONGO NZÍ.

19)-DAVID ALEJANDRO DE LA CRUZ GUTIERREZ.   TATA NKISI MALONGO NDÍ BILONGO NZÍ.

20)-ELVIRA GUZTIERREZ.   YAYI NKISI MALONGO NDÍ BILONGO NZÍ, ESPIRITISTA E IYALOCHA.

21)-SANTIAGO MONTES PAISAN. (CHAGO, SANTY, SAN). OMÓ OSHÚN--- AWÓ ORUMILA OGBE TUMAKO.   TATA NKISI MALONGO NDÍ BILONGO NZÍ.

COLABORADORES PARA LA LETRA DEL AÑO 2009.

1)-LIC. JOSÉ MILLÉT.   TATA NKISI MALONGO NDÍ BILONGO NZÍ. NKENTU MUSUNDI.

2)-HERMINIA TORREZ (LA BEBA), MATRIARCA DEL CABILDO MUSUNDI, YAYI NKISI MALONGO NDÍ BILONGO NZÍ. IYALOCHA OMÓ OBATALÁ Y ESPIRITISTA.

3)-FRANCISCO LEÓN MOZO (FRANK NLÁ).   SACERDOTE DE LOS NTOUKUÉS MBUOMAS (SISTEMA DE ADIVINACIÓN BANTÚ). PRIMER HOMBRE EN CUBA QUE RESIBIÓ EL SISTEMA. TATA NKISI MALONGO NDÍ BILONGO NZÍ. (BAKOYULA NZÓ KALWANGA MUSUNDI Y ABAKUÁ).

4)-ERIK HERNÁNDEZ RODRIGUEZ. (NLÁ).   TATA NKISI MALONGO NDÍ BILONGO NZÍ. BABALOCHA Y BABALAWO.

5)-CARLOS ALBERTO ROSELL. (NLÁ). TATA NKISI MALONGO.

6)-JULIO SESAR ORTÍZ.   TATA NKISI MALONGO NDÍ BILONGO NZÍ.

7)-ZOE GRAVE DE PERALTA. INVESTIGADORA Y PROMOTORA CULTURAL.

8)-FRANCISCO SOLANO (PANCHO). BABALAWO, BABALOCHA OMÓ ELEBBÁ, NKISI Y ABAKUÁ.

9)-MANUEL MARTINEZ NAVARRO (MANOLO ESCAPARATE).

BABALAWO, BABALOCHA, NGANGULERO Y ABAKUÁ. TATA NKISI MALONGO NDÍ BILONGO NZÍ.

10)-FRANCISCO DIAZ OLIVERA (PANCHITO). TATA NKISI MALONGO NDOKI NDÍ BILONGO NZÍ.

11)-MANUELA ULACIA.   MATRIARCA DEL CABILDO MUSUNDI, YAYI NKISI MALONGO NDÍ BILONGO NZÍ, ESPIRITISTA, E IYALOCHA. OLÓ OSHÚN.

REDACTORES: LIC. SUSANA M. REYES MARTINEZ Y ALDO DURADES ROMÁN.

Bibliografía

- ARGYRIADIS, Kali. 1999: LAReligión *à La Habana. Actualité des représentations et des pratiques cultuelles havanaises*, Ediciones des archivos contemporáneos, 1999, Paris /Amsterdam (d'après une thèse de doctorat soutenue en 1997 à l'École des Hautes Etudes en Sciences sociales, Paris).

- BARNET, Miguel. 1965: "Los congos", *CUBA 4* n° 43.

- BARNET, Miguel. 1997: "Sur les cultes congos d'origine bantoue à Cuba", *Diogène* n°179 "Routes et traces des esclaves", UNESCO, pp. 123-145.

- BARNET, Miguel. 1982: *La Fuente viva*, Entre otros trabajos, contiene el ensayo "Sobre los cultos bantu en Cuba", Editorial Letras cubanas, La Habana.

- BARNET, Miguel. 1995: BARNET, Miguel. 1995: *Cultos afrocubanos: La regla de ocha, la regla de palo monte*, Ediciones Unión, La Habana.

- BOLIVAR, Natalia. 1995: "Las distintas manifestaciones de palo monte en Cuba", pp. 21-28, *Anales del Caribe* n°14-15, La Habana.

- BOLIVAR ARÓSTEGUI, Natalia et GONZÁLEZ DÍAZ DE VILLEGAS, Carmen. 1998: *Tama Kuende Yaya y los reglas de Palo Monte: Mayombe, Brillumba, Kimbisa, Shamalongo*, Ediciones Unión UNEAC, La Habana.

- CABRERA, Lydia. 1977: *La regla kimbisa del Santo Cristo de Buen Viaje,* Miami Peninsular Printing, Miami.

- CABRERA, Lydia. 1979: *Reglas de Congo-Palo Monte - Mayombe*, Peninsular Books, Miami.

- CALLEJA LEAL, Guillermo (?): *Estudio de un sistema religioso afrocubano: el Palo-Monte Mayombe,* Thèse de doctorat, Universidad Complutense de Madrid.

- COLINA, Cino. 1990: "La Regla de Palo Monte", periódico Granma (26 agosto), La Habana.

- GONZÁLEZ BUENO, Gladys. 1988: "Una ceremonia de iniciacíon en Regla de Palo", *Del Caribe* n°12, Santiago de Cuba.

- LACHATAÑERÉ, Rómulo. 1952 (escrito en 1938): "Rasgos bantus en la santería", *Les Afroaméricains, mémoires de l'IFAN*, pp. 181-184, Dakar. N. B.

- LEÓN Argeliers. 1990: "Paleros y firmas congas", en revista Unión, La Habana.

- LÓPEZ VALDÉS, Rafaël 1985: *Componentes africanos en el etnos cubano*, Editorial Ciencias sociales, La Habana.

- ORTIZ, Fernando 1961. : "La secta congo de los matabios de Cuba", *Islas* vol. 3 n°3, Santa Clara, Cuba.

- TEIJELO RODRÍGUEZ, Domingo: "El bautizo congo en la regla de Palo Monte", *Anales del Caribe* n° 14-15, La Habana.

- THOMPSON, Robert Faris y Joseph CORNET. 1981: *The Four Moments of the Sun: Kongo art in two worlds* National Gallery of Art, Washington DC.

Ficha del autor

José Millet, (Cuba, 28 de enero de 1949). Scholar y escritor que vivió durante 37 años consecutivos en Santiago de Cuba, capital de la antigua provincia de Oriente. Es Filólogo. Profesor universitario, antropólogo cultural que investiga la temática de la cultura tradicional popular, con énfasis en fiestas y especializado en el campo de la religiosidad popular. En 1975 se graduó en la Universidad de Oriente, de Santiago de Cuba en licenciatura en Lengua y Literatura; estudió Filosofía en la Universidad de La Habana, donde se desempeñó como docente. Como etnógrafo, ha realizado investigaciones de campo en Cuba, República Dominicana, Puerto Rico, Barbados, Haití, Polonia, Galicia, R.P. de Angola y República Bolivariana de Venezuela. Ha publicado 18 libros, uno de los más recientes apareció en Estados Unidos, bajo el título de **Sacred Spaces and Religious Traditions of Oriente Cuba**, pero con la firma de la profesora, Dra. Jualynne Dodson, de la Michigan State University, quien se adjudicó la autoría del libro, siendo ésta compartida con Millet. También es de su autoría el libro **Biografía documentada y testimonial del cantautor venezolano Ely Rafael, "Alí" Primera Rossel** (1941-1985). Ha escrito numerosos

artículos, ensayos para distintas publicaciones tanto en Cuba como en otros países, y muchos de ellos pueden ser accesados en la Internet. Trabaja en el Instituto de Cultura del Estado Falcón (INCUDEF), donde creó y dirige el Centro de Investigaciones Socioculturales. Actualmente elabora **el Atlas Etnográfico del Estado Falcón**, obra pionera en Venezuela por su enfoque y trascendencia en los estudios etno-sociológicos. Fundador del Festival del Caribe (1981) y de la Casa del Caribe (1982), donde dirigió el Equipo de estudio de las religiones afrocaribeñas y el espiritismo hasta residenciarse en Venezuela en el año 2005. Preside la Fundación Casa del Caribe, institución sin fines de lucro enfocada-- desde el punto de vista pedagógico-- al estudio, la investigación y la promoción de la historia y las culturas de los pueblos de la región caribeña. Red miembro de la Asociación Caribeña de estudios del Caribe y de la Red de Escritores de Venezuela.
Presidente de la Fundación Casa del Caribe.-

Avenida Ali Primera, Calle Principal, casa 29, Sector La Cruz, Parroquia Los Teques, Muncipio Guaicaipuro, Estado Miranda, Venezuela. Teléfonos celulares: (58) 0416-2168703; 0412-5960330 y 0212-4608164 E-mail: milletjb3000@gmail.com;

milletjb2014@gmail.com Véase en internet el Curriculum Vitae completo de José Millet

Colofón

www.ingramcontent.com/pod-product-compliance
Lightning Source LLC
Chambersburg PA
CBHW031305250726
48656CB00005B/1654